NINA BOTT

Ninas EASY-PEASY FAMILIEN-KOCHBUCH

CO-AUTORIN REZEPTE CHRISTIN GEWEKE

FOOD-FOTOGRAFIE HUBERTUS SCHÜLER

PORTRÄTS MAREIKE KLINDWORTH

Rührei-Avocado-Wrap

Joghurt-Bowl mit Minipancakes, Apfel, Orange und Blaubeeren

Käse-Spinat-Waffeln mit Spiegelei

Nuss-Birnen-Muffins

Kartoffel-Wedges mit Gurkensalat

Ofenhähnchen mit Gemüse

Ofengnocchi mit Kirschtomaten und Burrata

Milchreis mit Roter Grütze

Penne mit Erbsen-Walnuss-Pesto

Rezepte

LIEBE MAMAS UND PAPAS, VIELLEICHT AUCH OMAS, OPAS, TANTEN UND ONKEL, ALSO LIEBE FAMILIEN,

wenn meine ganze Familie zusammen am Tisch sitzt, dann ist das Geborgenheit und Zuhause pur. Dabei geht es um so viel mehr als das Essen, vor allem auch um das Zusammensein, um die Family Time. Gerade in unserem trubeligen und oft stressigen Alltag ist es wichtig, solche Rituale zu haben, sich Wohlfühloasen zu schaffen und so viel Zeit wie möglich mit seinen Lieben zu verbringen. Das schafft Bindung. Am Tisch wird der Tag besprochen und jeder erzählt, was bei ihm los war. So bin ich auch selbst aufgewachsen: Wann immer es möglich war, haben wir als Familie gemeinsam gegessen.

Eine meiner frühesten Erinnerungen ist, meiner Mama in der Küche helfen zu dürfen. Das war für mich das Größte. Meine Eltern sind schon lange verstorben, aber in der Küche habe ich das Gefühl, unsere Traditionen und Werte weiterleben zu lassen. Diese Erinnerungen bedeuten mir unglaublich viel. Ich habe immer noch den Duft der Gerichte meiner Mama in der Nase, dieses gute Gefühl möchte ich unbedingt an meine eigenen Kinder weitergeben.

Ich liebe es, zu kochen und zu backen, und bin ein großer Gewürzfan. Genuss steht ganz weit oben, darum ist es mir so wichtig, dass es Kindern UND Erwachsenen schmeckt. Es allen recht zu machen, ist nicht immer einfach, aber ich werde euch neben ein paar streng geheimen Familienrezepten unzählige Tricks verraten, durch die ihr überrascht sein werdet, wie gut alles klappt.

Selbst wenn ihr bisher wenig Erfahrung in der Küche habt: Die Rezepte in diesem Buch sind wirklich absolut easy-peasy. Wir kriegen das zusammen schon hin! Alle Gerichte sind einfach und schnell nachzukochen, mit überschaubaren Zutatenlisten, perfekt für den wuseligen Alltag. Durch viele Rezeptvarianten und Tauschtipps ist wirklich für jeden etwas dabei. Einiges könnt ihr zusammen mit dem Nachwuchs zubereiten, ein guter Teil ist in 20–30 Minuten fertig, vieles lässt sich gut vorbereiten oder aufbewahren. Es sind Snacks für zwischendurch dabei, die perfekten Inhalte für die Pausendose oder für unterwegs. Ihr findet Genussrezepte, die sich toll für Gäste eignen, genauso wie heiße Tipps für den Kindergeburtstag. All das haben wir euch bei den Rezepten praktisch markiert, sodass ihr auf einen Blick seht, was für euch passt.

Alle Gerichte sind gesund und ausgewogen, viele sind quasi zufällig vegetarisch oder vegan, aber es gibt keine strengen Verbote. Wichtiger als ökotrophologische Dogmen ist mir, dass die Kinder mit Freude mitessen – natürlich so gesund wie möglich. Dafür hat meine härteste kleine Jury der Welt, ohne es zu merken, zahlreiche Mahlzeiten mit verstecktem Gemüse für euch getestet. Die besten Versteckrezepte findet ihr nun im Buch.

Tipps und Tricks, um Zeit zu sparen und eure Nerven zu schonen, runden das Ganze ab. Denn meine Familienküche soll euch unterm Strich vor allem jede Menge Spaß machen. Leuchtende Kinderaugen sind das Größte und wenn es am Ende allen schmeckt, bin ich so richtig glücklich. Ich hoffe, das machen euch auch meine Rezepte: glücklich.

Eure Nina

Nina

Mein persönlicher
Gruß an euch:

SUPERLECKER
und trotzdem gesund

Damit es allen schmeckt

Geschmäcker und vor allem Kindergeschmäcker sind so verschieden! Ich kenne Kindergartenkinder, die Sushi oder Oliven lieben und am liebsten immer nur Salat essen würden. Gleichzeitig gibt es vermutlich nicht wenige, die sich am liebsten nur von trockenen Nudeln, Würstchen oder Fruchtgummi ernähren würden. Da kommt man als Erwachsener schnell an seine kulinarischen Grenzen. Wenn die Eltern aber Freude am Kochen und an gesunder Küche haben und die Kleinen dabei ganz selbstverständlich einbeziehen, ist die Wahrscheinlichkeit groß, dass sie früher oder später neugierig werden und auch probieren wollen. Darum haben wir uns bei der Rezeptauswahl fürs Buch bewusst nicht nur auf vermeintlich typische Kindergerichte beschränkt.

Gleichzeitig ist es mir wichtig, dass Kinder mit Freude mitessen. Damit das klappt, sind die vielen Tauschtipps praktisch, die wir in fast jedes Rezept eingefügt haben. Damit könnt ihr unkompliziert Zutaten austauschen, sie weglassen oder ergänzen und mit ein und demselben Gericht easy-peasy verschiedene Geschmäcker von klein bis groß an einem Tisch glücklich machen. Das ist ein Familienkochbuch, in dem Genuss für alle drinsteckt, viele Gerichte eignen sich auch gut für Gäste und werden Teenagern ebenso Spaß machen.

Gesund und entspannt

Eine gesunde, ausgewogene und abwechslungsreiche Ernährung ist für alle Menschen wichtig, aber ganz besonders für Kinder und Heranwachsende. Natürlich möchte ich, dass meine Kinder optimal versorgt sind. Darauf sind auch meine Rezepte in diesem Buch ausgerichtet. Ich benutze lieber Dinkel- statt Weizenmehl und setze auf viel frisches Gemüse und Obst. Wir essen nur sehr selten Fleisch und achten dann sehr auf die Herkunft. Zucker gibt es bei uns in Maßen, er wird gern durch natürliche Süßungsmittel ersetzt, aber auch nicht verteufelt.

> *„Mir geht es um gute Ernährung mit Intuition und Verstand, die im Alltag gut machbar ist und alle Familienmitglieder mitnimmt.“*

Als Mutter von vier Kindern plus Hund und vollem Terminplan kann ich euch aber sagen: Ein gesunder Schuss Pragmatismus und Kompromisse gehören im Alltag dazu. Darum habe ich auch kein überambitioniertes Gesundheitsbuch gemacht und die Rezepte nicht auf die ökotrophologische Goldwaage gelegt. Viel wichtiger, als jede Regel exakt einzuhalten, ist es doch, dass Kinder und Teenies (und so manche Erwachsene) erst mal einen positiven, genussvollen Umgang mit gutem Essen lernen und ihnen die Freude an gesunden Lebensmitteln nicht verdorben wird. Nicht selten spiegelt sich das dann übrigens auch im Umgang mit und im Gespür für den eigenen Körper wider.

So sinnvoll und wichtig gesunde Ernährung ist: Geht gelassen damit um! Dazu gehören auch mal Nachsicht und Ausnahmen. Versucht lieber, keine zu hohen Erwartungen und überladene Ansprüche aufzubauen! Das führt nur zu Konflikten und Stress. Ich habe die Ernährungspyramide als Wegweiser im Hinterkopf, aber sehe sie nicht zwingend als täglich einzuhaltende

Regel auf dem Kinderteller. Einem Gemüseverweigerer fünfmal am Tag Grünfutter anzudrehen, wird nun mal nicht funktionieren. Dann lieber eine gute Prise Lockerheit druntermischen und ihm, wann immer möglich, etwas Gesundes unterjubeln (siehe Hinweis **„Gemüseversteck“** bei den Rezepten).

Sowieso brauchen keinerlei Lebensmittel rigoros verbannt werden. Es kommt immer auf die Menge, die richtige Dosis und eine gute Balance an – beim Essen genauso wie beim restlichen Lebensstil.

Auch Süßes ist erlaubt

Ich liebe die aromatischen, saftig-süßen Früchte des Sommers. Und zum Sommer gehört auch Eis – zumindest für meine Kinder. Anstatt ihnen unterwegs Eis zu kaufen, machen wir es aber lieber selbst zu Hause und sie stehen total darauf. Einfach nur mit gesunden Früchten und Joghurt, ohne Zucker, ganz easy-peasy fertig. Ansonsten nutze ich gern natürliche Süßungsmittel; Agavendicksaft und Honig sind Klassiker. Mit Banane kann man unglaublich viel machen, nicht nur Smoothies und Bananenbrot. Datteln sind extrem gesund und extrem süß – sie lassen sich püriert perfekt in viele Gerichte integrieren. Nussmus und Pflanzenmilch haben oft eine natürliche Süße und entfalten mit Vanille, Zimt oder Kakao das gewisse Etwas. Ein super Tipp ist ungesüßtes Apfelmus, um den Zuckeranteil zu reduzieren. Beim Backen wird der Teig durch das Mus besonders saftig.

Aber es gibt eben Dinge, die ohne klassischen Zucker nicht funktionieren, wie der originale Streuselkuchen meiner Oma. Und das ist völlig in Ordnung, finde ich. Meine Kinder dürfen auch mal ganz normalen Süßkram naschen. Aber eben in Maßen. Ich halte es nicht für sinnvoll, etwas zu verbieten oder wegzusperren. Jeder kennt doch Leute, die als Kind nie etwas Süßes essen durften und als Erwachsene dann nicht in der Lage sind, sich etwas einzuteilen. Während es denjenigen, die gelernt haben, in Maßen zu genießen, viel leichter fällt. Auf die Balance kommt es an: Ab und zu Snacks und Süßes in Maßen sind überhaupt kein Problem, solange die Ernährung insgesamt ausgewogen ist und im Idealfall genügend Gemüse und wichtige Nährstoffe beinhaltet.

Kinder sind quasi darauf programmiert, Süßes zu lieben, schließlich schmeckt schon die Muttermilch schön süß. Der Zucker, der in natürlichen Lebensmitteln steckt, liefert ihnen außerdem viel Energie, die sie zum Wachsen brauchen. Es ist also völlig normal, dass Süßes beim Nachwuchs besonders beliebt ist. So weit, so gut. Nur, dass unser heutiges Überangebot und der in vielen industriell produzierten Lebensmitteln versteckte raffinierte Zucker viel zu viel des Guten ist. Das wird schnell ungesund und so bleibt es unsere unermüdliche Aufgabe als Eltern, ein Auge darauf zu haben, was in Maßen okay ist und was nicht. Neutral schmeckende Lebensmittel wie Nudeln und Brot gehen auch noch gut bei ihnen durch. An bitteren, sauren und scharfen Geschmack dagegen müssen wir Menschen uns über die Jahre erst gewöhnen.

Wählerische KLEINE ESSER

Was hilft bei Picky Eatern?

„Das mag ich aber nicht!" „Was gibt's heute zu essen?" – Bloß nicht zu wenig, aber auch nicht zu viel, genug Gemüse, nicht immer das Gleiche, außer für dich, mein Schatz, „mit ohne Sauce", aber bitte nicht immer mit Ketchup. Mit der Familie essen: Das könnte so schön sein, wenn es nicht dieses ständige Theater darum gäbe, wer was wie mag oder nicht, gestern noch gegessen hat, heute aber nicht mehr. Hierzu kann ich euch aus 19 Jahren als Mutter einige Erfahrungen und Tipps mit auf den Weg geben. Der wichtigste vorweg: Atmen nicht vergessen!

Einmal hatten wir eine besonders hartnäckige „Nudeln mit Butter"-Phase. Manchmal wollen Kinder ja wirklich immer nur das eine Gericht, und das jeden Tag. Und wisst ihr was? Dann ist es eben so. Für den Rest der Familie kochte ich abwechslungsreich weiter und irgendwann, ganz von allein, wurde auch dieser Picky Eater neugierig und aß plötzlich wieder ganz normal mit.

Wenn der Hunger am größten ist, also kurz vor dem Essen, stelle ich gern eine große Platte Rohkost auf den Tisch. Dabei ist sogar der Futterneid meiner Kinder ganz hilfreich, denn sie gönnen sich beim Essen wirklich nicht viel. So sind Gurken, Paprika, Kohlrabi und knackige Möhrchen ratzfatz weg. Manchmal hilft es auch, die Rohkost einfach mal anders zu schneiden oder ohne Schale anzubieten.

Kindern neue Nahrungsmittel schmackhaft zu machen, braucht Geduld. Es kann sein, dass sie ein aus eurer Sicht gutes Lebensmittel sehr, sehr oft probieren müssen, bis sie sich daran gewöhnt haben. Aber sie müssen ja auch nicht immer sofort alles essen, was ihr für richtig haltet. Natürlich kann einem schon mal der Geduldsfaden reißen, besonders wenn sie ihre Grenzen austesten und ganz genau wissen, bei welchem Erwachsenen sie sich was leisten können. Jedoch bringt es auch nichts, sie zum Essen zu zwingen. Im Gegenteil: Das kann richtig nach hinten losgehen und sie rühren es partout nicht mehr an. Das sorgt nur für Stress am Tisch und ungute Stimmung. Für manche Kinder sind solche Erfahrungen sogar regelrecht traumatisch und sie können später ihr Leben lang die aufgezwungenen Lebensmittel nicht ertragen.

„Wenn sie erst mal zumindest irgendein Gemüse oder Obst annehmen, ist das besser als gar nichts. Darauf könnt ihr aufbauen."

Natürliche Neugier nutzen

Es ist immer gut, die Kinder einzubeziehen und selbst mithelfen zu lassen, sowohl beim Einkauf als auch bei der Zubereitung (siehe Seite 11). Wenn sie einen Bezug zu den Lebensmitteln bekommen und selbst mal eine Entscheidung treffen dürfen, essen sie sie später viel eher. Mein großer Sohn Lennox zum Beispiel wollte nichts Grünes essen, aber eines Tages, nachdem er selbst einen Brokkoli geschnibbelt hatte, hat er ihn tatsächlich auch verdrückt.

Man kann auch über Geschichten oder interessante Fakten Neugier wecken, zum Beispiel einen lustigen Spruch der Verkäuferin auf dem Wochenmarkt oder die Hühner, die das Kind auf dem Bauernhof kennengelernt hat. Hauptsache,

Wir geben den Rezepten oft lustige Fantasienamen, damit die Kinder Freude am Essen entwickeln und etwas probieren. Da ist von „Affenliebe“ bis „Zaubersuppe“ alles dabei.

der Funke springt über und plötzlich werden Kochen und Essen zum Event. Kräuter oder Gemüse selbst zu ziehen und zu ernten, animiert die meisten Kinder ebenfalls ungemein, das finden sie einfach großartig. Wer die Möglichkeiten dafür zu Hause nicht hat, findet vielleicht in der Nähe ein Urban-Gardening-Projekt oder Ähnliches, wo man bei der Ernte mithelfen darf.

Kleine Küchenpsychologie Kinder möchten gern selbst bestimmen, was sie zu sich nehmen – das fängt schon beim Brei oder sogar beim Stillen an. Für manche Kinder ist das Essen die einzige Möglichkeit, mal Nein zu sagen, das hat auch etwas mit Macht und Ohnmacht zu tun. Und mindestens zum Teil folgen sie damit einem angeborenen Sicherheitsbedürfnis: Bei unseren Vorfahren war die Gefahr, dass sich ein Kleinkind giftige Pflanzen in den Mund steckt, viel größer als heute und es konnte Leben retten, kritisch zu sein. Auch wenn wir uns oft genug wundern, was sie sich trotzdem alles in den Mund stecken: Vielleicht hilft euch dieses Wissen, die nächste Ausspuckattacke eurer Liebsten ein klein wenig gelassener zu nehmen.

Tipp Nutzt den Gewöhnungseffekt: Legt das Gemüse stoisch und ganz unkommentiert immer wieder auf den Teller, auch wenn sie es anfangs nicht probieren wollen. Irgendwann siegt die Neugier. Oder sie greifen in einem unbedachten Moment zu, ohne zu merken, was sie sich da gerade in den Mund gestopft haben. Das kann aber Geduld erfordern und sich manchmal über Wochen hinziehen. Es gibt Studien, die sagen, dass Kinder neue Lebensmittel bis zu 30 Mal probieren müssen, bis sie sie akzeptieren. Wenn das nicht funktioniert, kombiniert sie mit etwas, das gern gegessen wird, zum Beispiel Kartoffelbrei. Und wenn der reine Anblick des Gemüses immer noch Ablehnung hervorruft, dann kommen unsere zahlreichen Gemüseverstecke zum Einsatz. Püriert als Pesto, klein gehäckselt in der Sauce oder paniert als Veggie-Schnitzel: Es gibt zig Möglichkeiten, ihnen etwas Gutes unterzujubeln.

Gemüse verstecken

Vitamine, Mineralstoffe, Eiweiße und Co. sind unglaublich wichtig für die gesunde Entwicklung von Kindern und Jugendlichen im Wachstum. Und sie stecken nun mal vor allem in Gemüse und Hülsenfrüchten. Das ändert nur leider überhaupt nichts daran, dass der Nachwuchs sie einfach wieder ausspuckt – Löffelflugzeug, fancy Kinderbesteck und klaren Ansagen zum Trotz.

Wie bekommen wir also die gesunden Nährstoffe in dem Maß in die Mägen unserer Kinder, wie wir es gern hätten?

Das Schöne ist, dass es wirklich viele tolle Möglichkeiten gibt, ihnen das Gemüse dezent unterzujubeln – und dass diese auch noch großartig schmecken. Gemüse in Saucen, in Suppen oder im Gebäck so zu verpacken, dass die kritischen kleinen Esser es akzeptieren oder es gar nicht mehr bemerken, ist gar nicht mal so schwer, wenn man weiß, wie. Im Buch zeige ich euch meine besten Versteckrezepte, alle getestet und von der härtesten kleinen Jury für gut bis „Boah lecker, Mama!" befunden.

Haltet in den Rezepten Ausschau nach dem Hinweis **„Gemüseversteck"!** Manchmal habe ich schon fast das Gefühl, dass ich mich selbst überliste, weil die Gerichte so lecker sind und man beim Genießen glatt vergessen kann, wie gesund sie sind. Werdet kreativ, stellt den Geschmack eurer Kinder auf die Probe und bewahrt euch selbst dabei den Spaß und die Neugier! Macht vielleicht eine heimliche Challenge daraus, von der der wählerische Nachwuchs nichts weiß …

Eine Auswahl meiner Lieblingsverstecke:

- Eingebacken in köstliche Waffeln, Brownies oder sogar den Geburtstagskuchen
- Püriert zu genialem Pesto oder Brotaufstrich
- Zur Sauce gemixt oder klein geschnibbelt und sanft in die Lieblingsbolo eingeköchelt
- Zwischen die Lasagneblätter gemogelt, als hätte es schon immer dorthin gehört
- Mitgestampft ins weltbeste Kartoffelpüree
- Knusprig-goldbraun überbacken oder im kross ausgebackenen Reibekuchen

Extrawurst ja oder nein?

Oft ist es ein Spagat zu entscheiden, wann Sonderwünsche angebracht sind oder nicht und wann man ihnen nachgibt. Wo ich meistens mitspiele, sind Extraschnitzer, wenn also etwas Gesundes unbedingt auf die eine oder andere Art geschält oder geschnitten werden muss. Auch für die eine oder andere Extrabeilage lasse ich mich erweichen, wenn die Zeit es zulässt. Man kann aber auch nicht immer jedem alles recht machen. Ich koche deshalb gern Gerichte, bei denen man easy auf kleine Extrawünsche wie „bitte ohne Sauce", „kein Fleisch" oder „bloß keine Zwiebeln" Rücksicht nehmen kann.

Wenn trotzdem jemand am Tisch noch wählerisch ist und absolut gar nichts möchte, was ihr anbietet, könnt ihr anhand des Alters und der Umstände entscheiden, ob eine Extrawurst angebracht ist oder nicht. Sobald das Kind alt genug ist, heißt es: „Kein Problem, wenn du das Gekochte nicht mitessen willst, schmiere dir selbst eine Stulle und setz dich zu uns." Versucht, locker zu bleiben, dann habt ihr eine positive Atmosphäre am Tisch und zieht trotzdem keine Prinzen und Prinzessinnen groß, die erwarten, dass ihr ihnen ständig extra etwas anderes zubereitet.

TEAMWORK – *mitmachen von Anfang an*

Kinder einbeziehen

Kinder schon früh bei alltäglichen Dingen zu integrieren, ist uns wichtig. Wenn man ihnen spielerisch und ohne Druck Dinge zeigt, die sie nicht überfordern, können sie oft mehr, als man ihnen zugetraut hätte. Natürlich muss man sie dabei ihrem Alter entsprechend begleiten. Besonders schön ist, wenn ältere Geschwister den jüngeren zeigen, wie es geht, und sie sich gegenseitig helfen. Sie lernen schnell und das fördert ihr Selbstbewusstsein. Das Einbeziehen der Kinder stärkt ihre Kompetenzen im Umgang mit Lebensmitteln und kann sie durch ihr ganzes weiteres Leben, ihre Gesundheit und ihr Körpergefühl positiv begleiten. Außerdem steigt die Wahrscheinlichkeit, dass sie etwas essen, wenn sie es selbst zubereitet oder eingekauft haben.

„Sie sind so stolz, wenn sie etwas selbstständig gemacht haben!“

Stressfrei gemeinsam einkaufen

Wenn ich mit meiner Bande einkaufen gehe, bin ich bestens vorbereitet, denn sonst vergesse ich die Hälfte und kaufe trotzdem mehr ein als gewollt. Meine Kinder glauben nämlich, dass wir absolut alles brauchen, und lenken mich mit ihrem Gewusel und Geplapper sehr gekonnt ab.

Idealerweise gibt es einmal die Woche einen Großeinkauf. Das spart unter der Woche Zeit und Nerven, denn im Alltag mit drei kleinen Kindern öfter als nötig in den Supermarkt zu müssen, ist nicht immer nur Spaß. Besonders wenn man es eilig hat, die Kleinen von den vielen Reizen überfordert sind oder es sogar zu einem kleinen Wutanfall kommt, weil sie zum Beispiel nicht alles in den Wagen werfen dürfen, was sie gern hätten. Lasst euch in solchen Situationen von den Blicken anderer Leute nicht unterkriegen! Es sind eben Kinder, da läuft nicht alles perfekt. Setzt euch aber auch nicht unter Druck, macht in schwierigen Phasen den Einkauf ruhig noch mal allein, zumindest für eine Weile. Nehmt die Kinder wieder mit, wenn kein Zeitdruck ist, vielleicht am Wochenende, und bevorzugt dann kleinere Geschäfte oder den Markt.

Für ein schönes gemeinsames Einkaufserlebnis ist gute Organisation die beste Grundlage. Vor dem Großeinkauf wird der Essensplan für die Woche abgestimmt. Praktisch sind Einkaufs-Apps, die ihr mit eurem Partner nutzen könnt, sodass jeder sieht, was gebraucht wird. Auf **www.mengenrechner.de** (siehe Seite 160) findet ihr sogar alle Rezeptzutaten aus diesem Buch, könnt sie auf euren digitalen Einkaufszettel packen und für die Personenzahl anpassen, ihr könnt Produkte hinzufügen oder löschen. Um Geld und Ressourcen zu sparen, plant Reste und Angebrochenes gleich mit ein. Wir bevorzugen nachhaltige Lebensmittel, gucken nach Regionalem und Saisonalem und versuchen, unnötigen Müll zu vermeiden.

In unserem Lieblingssupermarkt bekommt jeder seinen eigenen Kindereinkaufswagen und los geht's: Hier kennen die Kids sich gut aus und packen immer abwechselnd die Einkäufe in ihre kleinen Wagen. Das kann wirklich großen Spaß machen! Auch an der Kasse sind sie immer ganz scharf darauf, alles selbst aufs Band zu legen. Da müssen sich die Menschen hinter uns in der Schlange auch schon mal ein wenig gedulden.

Der Wochenmarkt ist jeden Samstag ein Highlight bei uns. Das ist Papa-Zeit, er schnappt sie sich alle direkt nach dem Aufwachen und fährt mit ihnen zum Markt. Die Kleinen lieben das. Sie wollen dort am liebsten alles selbst bestellen und aussuchen und vor allem natürlich reichlich

Checkliste: Einkaufen mit Kindern

- Ein Großeinkauf die Woche, um viele kleine Fahrten zu vermeiden
- Essensplanung für die Woche inklusive Resteverwertung überlegen
- Einkaufsliste schreiben oder Apps nutzen (zum Beispiel www.mengenrechner.de, Bring! oder HNGRY)
- Genug Zeit einplanen – es dauert immer länger, als man denkt
- Satte Kinder zum Einkauf mitnehmen (immer eine Notfall-Banane im Auto haben)
- Kühltasche mitnehmen, falls der Rückweg länger dauert
- Ein eigener kleiner Einkaufswagen für jedes Kind
- Kinder selbst aus dem Regal suchen und aufs Kassenband legen lassen

probieren. So ein Marktbummel ist eine großartige Möglichkeit für Kinder, ganz spielerisch frische Lebensmittel kennenzulernen. Gleichzeitig ist der Marktbesuch mit dem Papa übrigens die einzige Zeit, in der ich mal nicht arbeite oder die Kinder betreue und die deshalb für mich sehr kostbar ist. Ich trinke gemütlich noch einen Tee im Bett, decke voller Vorfreude den Frühstückstisch und wenn der Rest der Familie zurückkommt, gibt es ein herrliches Frühstück mit lauter regionalen und saisonalen Köstlichkeiten.

Easy-peasy kochen und backen mit Kindern

Kochen mit Kindern lässt sich im Alltag nicht immer dazwischenschieben. Doch wenn ihr euch darauf einlasst, euch genug Zeit nehmt und offen für kreative oder mittelgute Ergebnisse seid, kann es eine wunderschöne Erfahrung für alle sein. Vielleicht könnt ihr einen Tag in der Woche dafür festlegen, auf den die Kids sich bestimmt schon bald im Voraus freuen werden.

Legt Perfektionismus und mögliche überhöhte Erwartungen an euer Kind und euch selbst ab und nehmt es, wie es kommt! Es wird mal etwas runterfallen, die Ergebnisse der Kids werden nicht aussehen wie geplant, dann haben sie mittendrin keine Lust mehr, euer Zeitplan gerät völlig aus den Fugen, die Küche sieht aus wie ein Schlachtfeld und wenn es ums Aufräumen geht, sind plötzlich alle ganz schnell weg. Ich muss selbst immer sehr tapfer sein, denn wenn ich allein koche, räume ich am liebsten alles sofort weg und wasche schon nebenbei ab. Mit den kleinen Hilfsköchen ist das natürlich nicht drin.

Früher war ich oft übertrieben ambitioniert und perfektionistisch. Beim Backen mit Lennox wollte ich die besten Plätzchen zaubern, und habe ihm dabei viel zu sehr geholfen. Heute gebe ich Anregungen und helfe bei Bedarf, aber gerade beim Kekseverzieren lasse ich ihrer Fantasie freien Lauf. Das Ergebnis ist so viel schöner und die Kids werden oft richtig kreativ.

Fangt mit simplen Gerichten an, am besten mit solchen, die ihr schon oft gemacht habt und die den Kindern sicher schmecken. Lest euch das Rezept vorher in Ruhe durch und guckt, welche Aufgaben zu eurem Kind passen. Falls eure Kinder noch zögerlich sind: Eine eigene Schürze, ein gutes Messerset und eine eigene Schublade mit all ihren Schätzen werden sie bestimmt motivieren, sie auch zu benutzen.

Checkliste: Kochen mit Kindern

- Genügend Zeit einplanen (und noch ein wenig mehr)
- Unkompliziertes Rezept aussuchen und vorher komplett durchlesen (Haltet nach dem **„Kinderleicht"-Hinweis** in den Rezepten Ausschau!)
- Alles Nötige bereitstellen: Utensilien, Zutaten und eventuell Kinderausstattung
- Mit dem Kind kurz besprechen, was es machen kann und möchte
- Sich selbst so organisieren, dass ihr eure Kinder parallel unterstützen könnt
- Perfektionismus und Erwartungshaltungen außen vor lassen
- Etwas zum Spielen bereitlegen, falls sie mittendrin keine Lust mehr haben (ohne dass sie es vorher sehen, damit sie so lange wie möglich dabei bleiben)

Ab wann geht was? Welche Aufgaben ein Kind in welchem Alter gefahrlos hinbekommt, hängt von Fähigkeiten wie Feinmotorik und Aufmerksamkeitsspanne ab. Guckt individuell, in welchem Alter ihr ihnen was zutraut. Es ist ein Abwägen von fördern, ohne zu überfordern. Und vor allem: ohne dass sie sich die Finger absäbeln. Hier ein ungefährer Überblick (Es ist aber völlig okay, wenn eure Kinder sich nicht nach solchen Zeitplänen richten!):

- Ab 1 bis 2 Jahren: spielerisch mithelfen (Mehl sieben oder Bananen stampfen)
- Ab 3 bis 4 Jahren: Früchte auspressen, Teig kneten, mit einem Messer ohne Spitze erste weiche Lebensmittel schneiden
- Ab 4 bis 6 Jahren: einfache Lebensmittel selbst schälen, Geräte ein- und ausschalten, den Esstisch mit und ohne Geschirr eindecken
- Ab 7 bis 8 Jahren: einfache Zutaten abmessen, beim Abwaschen helfen
- Ab etwa 10 Jahren: eigenständig den Tisch für Frühstück oder Abendbrot decken
- Ab 10 bis 12 Jahren: unter Aufsicht selbst Nudeln oder einfache Gerichte kochen

Tipp Ein absolutes Must-have ist für mich ein Kinderhochstand, in dem kleinere Kinder stehen und auf Höhe der Küchentheke mitmachen können. So sind sie von Anfang an dabei, ohne dass sie vom Stuhl oder von der Arbeitsplatte fallen können.

ORGANISATION *ist alles*

Gute Wochenplanung, freier Kopf

Eine gute Familienessensplanung kann herausfordernd sein. Bleibt pragmatisch! Vieles lässt sich mit kleinen Abwandlungen noch mal machen, kann später erneut auf den Tisch oder lässt sich einfrieren. Gegarte Nudeln, Reis oder Kartoffeln halten sich im Kühlschrank 2–3 Tage und eignen sich perfekt, um daraus schnell die nächste Mahlzeit zu basteln. Oder es tut auch mal die gute alte Stulle.

> *„Je mehr Familienmitglieder, umso überlebenswichtiger ist es, sich gut zu organisieren.“*

- Nehmt euch Zeit, eure Woche zu planen und die Essensplanung in Ruhe abzustimmen.
- Überlegt bei der Einkaufsliste, ob es sich lohnt, größere Mengen vom ganzen Gericht oder von einzelnen Zutaten zuzubereiten.
- Kauft für ein bis zwei unkomplizierte Notfallgerichte zusätzlich ein, falls etwas Unvorhergesehenes euren schönen Plan sprengt.
- Behaltet Wochenpläne, die gut funktioniert haben, in der Hinterhand – einmal aufgestellt, könnt ihr sie beliebig oft wiederholen und müsst nicht jedes Mal von vorn anfangen.
- Etabliert hilfreiche Routinen! Alles, was einmal funktioniert hat, wird es vermutlich wieder tun. Das gilt für Wochenpläne und Gerichte wie für sich wiederholende Aktivitäten. Alles, was ihr routiniert abspulen könnt, erleichtert den Alltag und ihr habt den Kopf für andere Dinge frei.

Kochen ohne Chaos

Mit Kindern ist es umso wichtiger, eine gute Grundordnung zu haben, um im Chaos den Überblick zu behalten.

- Es lohnt sich, die eigene Küchenordnung zu hinterfragen. Wenn alles seinen festen Platz hat, kommt ihr beim Kochen besser zurecht und die Kinder finden, was sie brauchen. Gibt es Dinge, an die sie drankommen sollen oder nicht? Plant das in eure Struktur mit ein.
- Überlegt euch eine gute Kühlschranksortierung. Es ist Gold wert, mit zappelndem Wurm auf dem Arm alles schnell griffbereit zu haben.
- Stellt Basics wie Öl, Essig und Gewürze griffbereit in die Nähe des Arbeitsbereichs.
- Sammelt Küchenabfälle erst in einer Schüssel, statt ständig zum Mülleimer zu rennen.
- Räumt auf und säubert die Küche noch während der Garzeit. (Dass die Kinder das lernen, ist utopisch, aber ich gebe nicht auf …)
- Töpfe und Pfannen sofort kurz mit Wasser ausspülen, sodass nichts antrocknen kann.

Tools, die Zeit und Nerven sparen

- Stabmixer für Suppen und Brei-Babys
- Blitzhacker zum Zerkleinern von Gemüse
- Hochleistungsmixer, um selbst Nüsse fein und cremig zu mahlen
- Vierkantreibe mit verschiedenen Stärken zum Reiben von Rohkost oder Käse
- Gute Küchenmaschine (I love it!)
- Ob Mikrowelle oder nicht ist oft Einstellungssache. Zum Auftauen und schnellen Aufwärmen von Kinderportionen ist sie definitiv praktisch und ich kenne viele, die sie mit Kindern benutzen, auch wenn sie vorher keine hatten.
- Scharfe Messer (für die Erwachsenen) – wenn ihr keinen Schleifstein oder Wetzstahl habt, gebt die Messer ab und zu zum Schärfen (zum Beispiel bei Werkverkaufsstellen)
- Flexibles Schneidebrett, das sich biegen

oder falten lässt, um Geschnibbeltes auf dem Weg in den Topf nicht zu verlieren
- Löffelwaage, um Mehl und kleinere Mengen direkt auf dem Schäufelchen abzuwiegen
- Wasserkocher, um Kochwasser vorzuheizen
- Abgießhilfe, die man auf den Topf aufsetzen kann – ist platzsparend, ersetzt ein großes Sieb und das Gekochte bleibt heiß im Topf
- Toaster für Brot vom Vortag und zum Auftauen von Waffeln, Pancakes und Co.
- Schneidabroller für Küchenrolle, Frischhaltefolie und Co. – nie wieder sinnlose Kämpfe mit der Frischhaltefolie, die überall reißt, nur nicht da, wo sie soll
- Küchenrolle! Immer genug Küchenrolle!
- Kühltasche – keep cool, auch wenn der Einkauf oder der Rückweg mal länger dauert

Vorräte für alle Fälle

Wenn es mit dem Einkaufen mal nicht klappt, ihr krank seid oder sonntags aus dem Urlaub zurückkommt, kann es beruhigend sein, gewisse Vorräte im Haus zu haben. Dabei geht es nicht um einen Keller voller Konserven, sondern um ein paar Lebensmittel, aus denen man irgendetwas zaubern kann, wenn es drauf ankommt. In unserem Vorratsschrank findet man immer:

- Mehrere Sorten Pasta, Reis, Linsen, Bohnen, Kartoffeln, Knoblauch und Zwiebeln
- Öle und Essig, Butter, Kokosmilch, passierte Tomaten, Tomatenmark und Senf
- Haferflocken und verschiedene Sorten Mehl sowie alles, was man zum Backen braucht
- Ganz wichtig: Gewürze. Neben Salz, frischem Pfeffer und Gemüsebrühe nutze ich leidenschaftlich die Vielfalt meines Gewürzregals.
- Im Tiefkühler habe ich unverarbeitete Produkte wie Gemüse und Kräuter, Früchte für unser selfmade Eis sind immer da und meist auch etwas Selbstgemachtes auf Vorrat. Klassiker sind Apfelmus (Seite 17) und meine heiß geliebte Bolognese (Seite 80). Für alle Fälle findet man dort auch eine Notfallpizza.

Aufbewahren und einfrieren

- Reste in luftdicht verschließbaren Behältern aufbewahren und vorn im Kühlschrank platzieren, damit sie nicht vergessen werden.
- Ab ins Glas: Alte Joghurt- oder Gurkengläser inklusive Deckel heiß auswaschen, um Suppen oder Saucen darin einzulagern. Das kochend heiße Abfüllgut hineingießen und die Gläser sofort fest verschließen.
- Salatsauce auf Vorrat: Vinaigrette hält sich im Kühlschrank mindestens 1 Woche.
- Portioniert zum Einfrieren die Lebensmittel in die Mengen, die ihr später wirklich braucht.
- Suppen stapeln: Alles, was sich in Form bringen lässt, in Gefriertüten füllen und diese verschlossen in eine rechteckige Dose legen. Die Tüten nehmen die Form an und lassen sich hervorragend im Eisfach stapeln.
- Der Toaster eignet sich nicht nur zum Auftauen von Brot, sondern auch für Waffeln, Pancakes oder Cookies (ohne Schokostückchen).
- Tiefkühlgemüse kann direkt in den Topf, die Zeit fürs Auftauen könnt ihr euch sparen.

Willkommene Helfer

Es ist absolut okay, Hilfe anzunehmen oder einzufordern, wenn nötig. Man kann als Elternteil nicht alles allein schaffen, besonders wenn ihr parallel berufstätig seid. Seien es die Großeltern, hilfreiches Haushaltsequipment, Lieferdienste oder auch bezahlte Hilfen – wenn ihr merkt, dass es euch allein zu viel wird und ihr die Möglichkeiten habt: Nutzt sie!

Das kann Unterstützung im Notfall oder auch bei regelmäßigen To-dos sein. Macht eine Liste mit den Dingen, die regelmäßig anfallen wie putzen, einkaufen, mit dem Hund rausgehen. Wo wäre es besonders hilfreich, was belastet euch oder was möchtet ihr gern selbst beibehalten? Was können Familienmitglieder machen oder wo wäre Hilfe von außen gut?

Apfelmus ratzfatz selbst gemacht Ungesüßtes Apfelmus kann man kaufen, aber am liebsten mache ich es selbst. Wählt die Apfelsorte nach eurem Geschmack, sie darf ruhig etwas säuerlich sein. Auch überreife Schrumpeläpfel sind hierfür perfekt.

Zubereitungszeit 15 Minuten plus 15–20 Minuten Garzeit · Ergibt 3 Gläser (à ca. 300 g)
1,2 kg Äpfel schälen, vierteln, entkernen und grob in Stücke schneiden. In einen Topf geben, etwas Wasser zugießen, bei niedriger bis mittlerer Hitze zum Köcheln bringen und 15–20 Minuten garen, bis die Apfelstücke zerfallen. Nach Geschmack 1 Msp. gemahlene Vanille oder Zimt einrühren, vom Herd nehmen und die zerkochten Äpfel zerstampfen oder mit dem Stabmixer glatt mixen. In Gläser füllen, verschließen und abkühlen lassen. Im Kühlschrank aufbewahren und innerhalb von wenigen Tagen aufbrauchen. Tipp: Ich bereite meist eine größere Menge als Vorrat zu, um immer etwas griffbereit zu haben. Dann nach dem Abkühlen das Apfelmus in Gefrierdosen oder Gefrierbeutel portionieren und ins Gefrierfach geben. So hält es sich bis zu 1 Jahr.

Sooo praktisch: Fast alles lässt sich ganz easy für Babys und Kleinkinder pürieren.

Für Familien mit Brei-Babys Bei den meisten Rezepten im Buch könnt ihr ganz einfach vor dem Würzen etwas abzwacken, um es für eure Kleinsten zu pürieren. Ansonsten funktioniert diese Faustregel für Gemüsebrei immer: **30 ml Wasser auf 100 g gegartes Gemüse + 1 EL Öl und 1 ½ EL Fruchtsaft.**
Mehr Inspiration und Tipps findet ihr in meinem Buch „Babybeikost" (siehe Seite 160)!

Anmerkungen zu den Rezepten Bei den Rezepten findet ihr hilfreiche Hinweise, die euch das Easy-peasy-Kochen noch leichter machen. Achtet auf diese Symbole:

- Gemüseversteck: So kommt was Gesundes in die Bäuche eurer kleinen Picky Eater.
- Gut vorzubereiten, sodass es schnell geht, wenns drauf ankommt.
- Kinderleicht: Hier können eure kleinen Hilfsköche mithelfen.
- Gut zum Mitnehmen geeignet, für die Pausendose oder für unterwegs.
- Ratzfatz fertig in maximal 20 Minuten.
- Heißer Tipp für den Kindergeburtstag oder andere Events.
- Toll für Gäste.

FRÜHSTÜCK
ist fertig!

„Bei mir kann ein Frühstück gern ein paar Stunden dauern. Zumindest am Wochenende. Ich liebe es, wenn die Kinder irgendwann satt und glücklich um einen herum spielen und man ganz in Ruhe so lange frühstücken kann, wie man will."

KÄSE-SPINAT-WAFFELN
mit Spiegelei

„Ja, auch meine Kinder haben Sonderwünsche. Und, ja, auch ich kann nur schwer Nein sagen. Warum auch? Zu Hause bekommt ein Kind statt des Spiegeleis ein gekochtes Ei und ein anderes (ich will mal keine Namen nennen) sogar Rührei als Topping.“

Zubereitungszeit 25 Minuten plus 10 Minuten Quellzeit

Für 4 Personen (ergibt 8 Waffeln)

Für die Waffeln
50 g TK-Blattspinat
1 kleine Schalotte
200 g Dinkelmehl (Type 630)
1 EL Speisestärke
1 TL Backpulver
½ TL Salz
2 Bioeier (Größe M)
300 ml Milch (3,5 % Fett)
3 EL Rapsöl plus etwas zum Einfetten
100 g geriebener Cheddar
schwarzer Pfeffer aus der Mühle
1 Prise frisch geriebene Muskatnuss
Für die Spiegeleier
1 EL Butterschmalz
4 Bioeier (Größe M)
Salz
4 Prisen edelsüßes Paprikapulver
Außerdem
belgisches Waffeleisen (alternativ ein gewöhnliches Waffeleisen)

vegetarisch, frei von raffiniertem Zucker

GUT VORZUBEREITEN

GEMÜSEVERSTECK

(1) **Blattspinat** kurz antauen lassen und klein hacken. **Schalotte** schälen und sehr fein würfeln. Das **Mehl** mit **Stärke, Backpulver** und **Salz** vermengen. Die **Eier** mit **Milch** und **Öl** verrühren, dann die Mehlmischung hinzugeben und kurz unterrühren. Spinat und **Cheddar** untermischen.* Mit **Pfeffer** und **Muskat** würzen und den Teig 10 Minuten quellen lassen. (2) Den Backofen auf 70 °C Ober-/Unterhitze vorheizen. (3) Das Waffeleisen vorheizen und mit **Öl** einfetten. Den Teig darin portionsweise goldbraun backen. Die fertigen Waffeln im Ofen warm halten. (4) Inzwischen für die Spiegeleier das **Butterschmalz** in einer großen Pfanne erhitzen. Die **Eier** vorsichtig hineinschlagen und bei mittlerer Hitze 3–4 Minuten braten, bis das Eiweiß gestockt ist. Den Deckel auflegen und die Eier noch 1–2 Minuten weitergaren. Mit **Salz** und **Paprikapulver** würzen. (5) Je zwei Waffeln mit einem Spiegelei auf vier Tellern anrichten.**

*

PIMPEN, TOPPEN, VARIIEREN

* Ob Gouda, Mozzarella oder Parmesan: Beim Käse kann frei gewählt werden – je nach Geschmack oder je nachdem, was der Kühlschrank hergibt.

** Wer mag, pimpt das Gericht noch mit ein oder zwei Scheiben kross gebratenem Bacon.

Piratenschiffe mit Ei-Alarm

Tipp Den Waffelteig am Vorabend zubereiten und über Nacht in den Kühlschrank stellen. So hat man am nächsten Morgen ruckzuck das Frühstück auf dem Tisch.

Tipp Wenn es mal schnell gehen muss, kann man die Pancakes auch in normaler Größe ausbacken und mit einem Klecks Joghurt und Obst nach Belieben servieren.

Joghurt-Bowl
MIT MINIPANCAKES, APFEL, ORANGE UND BLAUBEEREN

„Meine Kinder lieben Bowls, weil sie fröhlich-bunt und einfach bis zum letzten Löffel lecker sind. Extrem gesund sind sie noch dazu. Aber das muss man den Kleinen ja nicht verraten …“

Zubereitungszeit 25 Minuten plus ca. 35 Minuten Ausbackzeit

Für 4 Personen

Für die Minipancakes
85 g Dinkelmehl (Type 630)
1 TL Backpulver
2 Bioeier (Größe M)
1 Prise Salz
180 ml Buttermilch (alternativ Milch)
1 EL Agavendicksaft
1 TL Rapsöl
1–2 EL Butterschmalz
Für die Bowl
2 Orangen
100 g Blaubeeren
300 g Joghurt Natur (3,5 % Fett)
1 EL Ahornsirup plus etwas zum Beträufeln
1 Apfel
2 EL Granola (siehe Seite 28)

vegetarisch, frei von raffiniertem Zucker

FÜR GÄSTE

1 Für die Minipancakes **Dinkelmehl** und **Backpulver** vermengen. Die **Eier** trennen. Eiweiße mit dem **Salz** steif schlagen. Eigelbe mit **Buttermilch, Agavendicksaft** und **Öl** zur Mehlmischung geben und verrühren. Eischnee unterheben und den Teig 15 Minuten quellen lassen. 2 Inzwischen für die Bowl die **Orangen** so schälen, dass die bittere weiße Haut entfernt wird. Dann die einzelnen Filets zwischen den Trennhäuten herausschneiden, dabei über einer Schüssel arbeiten. **Blaubeeren** waschen und trocken tupfen.* **Joghurt** mit **Ahornsirup** verrühren und auf vier Bowls verteilen. 3 **Butterschmalz** in einer großen Pfanne erhitzen. Den Teig teelöffelweise als kleine Kleckse (Ø maximal 3 cm) mit etwas Abstand hineingeben und bei mittlerer Hitze von beiden Seiten goldbraun backen, dabei nur einmal wenden (am besten mit zwei Teelöffeln, aber aufpassen, dass man die Pfanne nicht zerkratzt). 4 Inzwischen den **Apfel** waschen, entkernen und in schmale Spalten schneiden. Mit Orangen, Blaubeeren und Minipancakes auf dem Joghurt in den Bowls anrichten, mit je ½ EL **Granola** bestreuen und mit **Ahornsirup** beträufelt servieren.

PIMPEN, TOPPEN, VARIIEREN

* Das Obst kann natürlich nach Gusto und Saison variiert werden, zum Beispiel schmecken auch Birne und Mandarine in der kälteren Jahreszeit oder Erdbeeren und Ananas im Sommer sehr gut dazu.

Overnight- DINKELBRÖTCHEN

„Die backen selbst meine Kinder mittlerweile im Schlaf! Klar, die Küche verwandeln sie dabei in ein kleines Schlachtfeld, aber ich finde es toll, wenn sie so was selbstständig machen."

Zubereitungszeit 20 Minuten plus ca. 12 Stunden Ruhezeit und 20–23 Minuten Backzeit

Ergibt 6 Brötchen

300 g Dinkelmehl (Type 630) plus etwas zum Bestäuben
1 TL Salz (ca. 5 g)
5 g frische Hefe
85 g Joghurt Natur (3,5 % Fett)
1 TL Agavendicksaft

vegetarisch, frei von raffiniertem Zucker

Tipp Dazu passt Paprika-Pekannuss-Aufstrich (siehe Seite 32), Avocado-Aufstrich (siehe Seite 32) oder Schoko-Mandel-Creme (siehe Seite 36).

KINDERLEICHT

1 Am Vorabend das **Mehl** mit dem **Salz** in der Schüssel der Küchenmaschine mischen. * Die **Hefe** in 125 ml handwarmes Wasser bröseln und unter Rühren auflösen. Das Hefewasser mit **Joghurt** und **Agavendicksaft** zum Mehl geben und mit dem Knethaken zu einem geschmeidigen Teig kneten. Die Schüssel mit Frischhaltefolie abdecken und den Teig 60 Minuten bei Raumtemperatur gehen lassen. Dann in den Kühlschrank stellen und über Nacht (etwa 10 Stunden) reifen lassen. 2 Am nächsten Tag den Teig aus dem Kühlschrank nehmen und 30 Minuten bei Raumtemperatur abgedeckt gehen lassen. Dann auf der **bemehlten** Arbeitsfläche in sechs gleich große Portionen (à 85 g) teilen, jeweils zu einem Oval flach drücken, dann beide länglichen Seiten zur Mitte klappen und mit den Fingern zusammendrücken. Die Teiglinge mit der Naht nach unten auf ein mit Backpapier ausgelegtes Backblech legen und abgedeckt erneut 30 Minuten gehen lassen. 3 Inzwischen den Backofen auf 250 °C Ober-/Unterhitze vorheizen. Eine mit Wasser gefüllte kleine Auflaufform mit hineinstellen. Wer einen Ofen mit Dampffunktion hat, kann stattdessen diese benutzen. 4 Die Teiglinge mit einem Messer längs einschneiden, das Blech in den vorgeheizten Ofen geben und etwa 10 Minuten backen. Dann die Auflaufform entfernen, die Temperatur auf 200 °C reduzieren und die Brötchen noch 10–13 Minuten goldbraun backen. 5 Herausnehmen und die Dinkelbrötchen auf einem Küchengitter auskühlen lassen.

PIMPEN, TOPPEN, VARIIEREN

* Wer mag, kann einen Teil des hellen Dinkelmehls durch Dinkelvollkornmehl ersetzen. Dann sollte man beim Kneten aber zusätzlich 1–2 TL Wasser zugeben.

Verschlafene
Bäckerklopse

Tipp Als Topping passt Granola super (siehe Seite 28). Oder Nusscrunch: Dazu 50 g gehackte Nüsse nach Wahl in einer Pfanne ohne Fettzugabe anrösten. 1 EL flüssigen Honig darüberträufeln, kurz karamellisieren und abkühlen lassen.

OBSTSALAT
mit Vanillequark

„Ein echter Klassiker. Damit bin ich schon groß (und stark) geworden.“

Zubereitungszeit ca. 20 Minuten

Für 4 Personen

Für den Obstsalat
100 g kernlose Weintrauben
75 g Blaubeeren
1 kleiner Apfel
1 kleine Birne
1 Kiwi
2 Pflaumen
Saft von 1 kleinen Orange
Saft und abgeriebene Schale von ½ kleinen Biolimette
1 TL Ahornsirup plus etwas zum Beträufeln (nach Belieben)

Für den Vanillequark
½ Vanilleschote
200 g Magerquark
1 ½ EL Ahornsirup
100 g Sahne

vegetarisch, glutenfrei, frei von raffiniertem Zucker

KINDERLEICHT RATZFATZ

1 Für den Obstsalat die **Weintrauben** von den Rispen zupfen, waschen und abtropfen lassen. **Blaubeeren** waschen und abtropfen lassen. **Apfel** waschen, vierteln, entkernen und würfeln. **Birne** schälen, vierteln, entkernen und würfeln. **Kiwi** schälen, in Scheiben schneiden und diese halbieren oder vierteln. **Pflaumen** waschen, halbieren, entsteinen und in Spalten schneiden. Die Weintrauben halbieren und mit dem restlichen Obst in eine Schüssel geben.* 2 **Orangensaft, Limettensaft** und **Limettenschale** mit **Ahornsirup** vermischen und behutsam mit dem Obst vermengen. 3 Für den Vanillequark das Mark aus der halben **Vanilleschote** auskratzen, mit **Quark** und **Ahornsirup** in eine Schüssel geben und verrühren.** Die **Sahne** steif schlagen und unter den Quark heben. 4 Den Obstsalat auf vier Schalen verteilen und einen großzügigen Klecks Quarkcreme daraufgeben. Nach Belieben mit **Ahornsirup** beträufeln und genießen.

PIMPEN, TOPPEN, VARIIEREN

* Bei der Auswahl des Obstes kann man natürlich je nach Geschmack und Jahreszeit variieren.

** Statt Ahornsirup kann sowohl für den Obstsalat als auch zum Beträufeln Honig oder Agavendicksaft verwendet werden.

Selfmade GRANOLA

„Das lieben wir einfach alle! Und für uns gilt: einmal selbst gemacht, immer selbst gemacht.“

Zubereitungszeit 10–15 Minuten plus ca. 20 Minuten Backzeit

Ergibt ca. 400 g (10 Portionen à ca. 40 g)

Für das Granola
100 g entsteinte Soft-Datteln
3 EL flüssiges Kokosöl
2 EL Agavendicksaft
1 Prise Salz
125 g Haferflocken
30 g gehackte Mandeln
30 g gehackte Haselnusskerne
30 g Sonnenblumenkerne
20 g Sesamsaat
20 g Kokosraspel

Zum Servieren (pro Portion)
125 ml Milch (3,5 % Fett) oder 75 g griechischer Joghurt Natur (10 % Fett)
40 g gemischte Beeren (nach Belieben)

vegetarisch, glutenfrei, frei von raffiniertem Zucker

KINDERLEICHT

1 Den Backofen auf 175 °C Ober-/Unterhitze vorheizen. Ein Backblech mit Backpapier auslegen. 2 Für das Granola die **Datteln** mit **Kokosöl, Agavendicksaft, Salz** und 4 EL Wasser im Standmixer oder mit dem Stabmixer fein pürieren. * 3 **Haferflocken, Mandeln, Haselnüsse, Sonnenblumenkerne, Sesam** und **Kokosraspel** in eine Schüssel füllen. Die Dattelmischung hinzugeben und gut vermischen. ** 4 Das Granola etwa 1 cm hoch auf dem vorbereiteten Blech verteilen, leicht zusammendrücken und im vorgeheizten Ofen etwa 10 Minuten backen. Herausnehmen, alles einmal gut durchmischen, erneut etwas zusammendrücken, wieder in den Ofen geben und etwa 10 Minuten goldbraun backen. Aufpassen, dass die Ränder nicht zu sehr bräunen, nach Bedarf noch mal durchmischen. 5 Herausnehmen und auskühlen lassen, dabei härtet das Granola noch nach. Dann in Stücke brechen und in einer luftdicht schließenden Dose aufbewahren. *** 6 Zum Servieren **Milch** oder **Joghurt** auf Schalen verteilen und je etwa 40 g Granola zugeben. **** Falls verwendet, die **Beeren** abbrausen, eventuell entstielen, trocken tupfen und das Müsli damit toppen.

PIMPEN, TOPPEN, VARIIEREN

* Wer keine Soft-Datteln hat, kann auch getrocknete Datteln verwenden. Diese dann vor dem Mixen mit kochend heißem Wasser übergießen und mindestens 30 Minuten einweichen.

** Nach Belieben noch ½ TL gemahlenen Zimt zu den trockenen Zutaten hinzufügen und untermischen.

*** Wer mag, gibt nach dem Backen und Erkalten noch geröstete Kokoschips, Schokostückchen, ganze Haselnüsse oder gefriergetrocknete Beeren unter das Granola.

**** Für eine vegane Variante statt Milch oder Joghurt ungesüßten Hafer-, Mandel- oder Cashewdrink verwenden.

Tipp Das selbst gemachte Granola hält sich 1–2 Wochen, wenn es nicht schon am ersten Tag vernascht wird. Es ist auch super als Topping (siehe Seite 23).

Magisches Zauberbrot

Tipp Je flacher und tiefer der Schnitt, umso schöner reißt das Brot auf. Bräter und Deckel sind nach dem Vorheizen sehr heiß, deshalb vorsichtig sein und Backhandschuhe tragen. Lecker dazu: Avocado-Aufstrich (siehe Seite 32), Paprika-Pekannuss-Aufstrich (siehe Seite 32) und Schoko-Mandel-Creme (siehe Seite 36).

Schnelles DINKELKRUSTENBROT

„Niemand kann so gut backen wie meine Oma. Aber ich versuche es immer wieder, an sie heranzukommen … Und mit diesem Rezept kann eigentlich auch bei euch nix schiefgehen!"

Zubereitungszeit 20 Minuten plus ca. 4–5 Stunden Ruhezeit und 30 Minuten Backzeit

Ergibt 1 Brot (ca. 800 g, ca. 18 Scheiben)

10 g frische Hefe
500 g Dinkelmehl (Type 630) plus etwas zum Bestäuben
1 EL heller Essig (z. B. Apfelessig)
5 g inaktives Backmalz (alternativ 1 TL Zuckerrübensirup oder Vollrohrzucker)
5 g Zucker
15 g Salz
neutrales Pflanzenöl (z. B. Sonnenblumenöl)

Außerdem
Teigspachtel
große Dauerbackfolie (alternativ doppelt gelegtes Backpapier)
runder gusseiserner Bräter mit ofenfestem Deckel (Ø 22–28 cm; alternativ tiefe ofenfeste Pfanne mit Deckel)

vegetarisch, laktosefrei

1 Die **Hefe** fein in eine Schüssel krümeln. **Mehl, Essig, Backmalz, Zucker** und **Salz** hinzugeben und vermischen. 375 ml warmes Wasser (40 °C) zugießen und alles zu einem recht flüssigen Teig glatt rühren. Die Schüssel gut abdecken und den Teig bei Raumtemperatur etwa 3 Stunden gehen lassen. 2 Den Teig auf eine gut **bemehlte** Arbeitsfläche geben, dann an einer Seite beginnend mit **bemehltem** Teigspachtel und **bemehlter** Hand anheben, über den Teigling ziehen und klappen. Den Vorgang etwa ein Dutzend Mal von allen Seiten aus wiederholen. 3 Eine Schüssel oder einen Topf mit flachem Boden mit der Dauerbackfolie auskleiden und den weichen Teig mit der Oberseite nach unten hineingeben. Ein großes Stück Frischhaltefolie gut **einölen,** mit der Ölseite den Teig behutsam abdecken und bei Raumtemperatur 1–2 Stunden gehen lassen, bis sich das Teigvolumen etwa verdoppelt hat. 4 Den Backofen auf 250 °C Ober-/Unterhitze vorheizen. Den Bräter mit Deckel auf der untersten Schiene platzieren und miterhitzen. 5 Den Teigling mithilfe der Backfolie vorsichtig aus der Schüssel heben und die Frischhaltefolie entfernen. Die Teigoberfläche ungleichmäßig mit etwas **Mehl** bestäuben und mit einem schräg gehaltenen scharfen Wellenschliffmesser kreuzweise 1–2 cm tief einschneiden (etwa im 30-Grad-Winkel). 6 Den Teigling mit der Backfolie in den heißen Bräter setzen und den heißen Deckel auflegen. Die Ofentemperatur auf 220 °C regeln, den Bräter in den Ofen auf die unterste Schiene geben und 20 Minuten backen. 7 Den Deckel vom Bräter nehmen und weitere 10 Minuten backen. 8 Aus dem Ofen nehmen, das Brot aus dem Bräter herausheben und zum Auskühlen auf ein Küchengitter setzen.

FÜR GÄSTE

GUT VORZUBEREITEN
GEMÜSEVERSTECK

PAPRIKA-PEKANNUSS-AUFSTRICH

Zubereitungszeit ca. 15 Minuten plus ca. 10 Minuten Röstzeit und Abkühlzeit

Ergibt ca. 360 g (12 Portionen à ca. 30 g)

2 große rote Paprikaschoten
80 g Pekannusskerne
1 Scheibe Vollkorntoast
1 TL edelsüßes Paprikapulver
¼ TL geräuchertes Paprikapulver
1 Msp. gemahlener Kreuzkümmel
Saft von ½ kleinen Zitrone
2 EL Olivenöl
1 TL Agavendicksaft
Salz
schwarzer Pfeffer aus der Mühle

1 Den Backofengrill auf höchster Stufe vorheizen. **2** Beide **Paprikaschoten** waschen, halbieren und entkernen. Mit den Schnittflächen nach unten auf ein Backblech legen und im vorgeheizten Ofen so lange rösten, bis die Haut schwarz wird und Blasen wirft – das dauert etwa 10 Minuten. Dann die heißen Paprikahälften sofort in eine Schüssel geben, luftdicht abdecken und auskühlen lassen. So lassen sie sich später ganz leicht häuten. * **3** Inzwischen die **Nüsse** in einer Pfanne ohne Fett rösten, bis sie aromatisch duften. ** Die erkalteten Paprika häuten. **Vollkorntoast** in kleine Stücke zupfen. Nüsse, Toast und **Gewürze** in den Standmixer geben und fein pürieren. Dann **Zitronensaft, Olivenöl, Agavendicksaft** und Paprika hinzugeben und untermixen, bis ein feiner Aufstrich entsteht. Mit **Salz** und **Pfeffer** abschmecken. *** **4** Den Aufstrich in ein Schraubglas füllen, verschließen und im Kühlschrank aufbewahren. Dort hält er sich etwa 1 Woche.

vegan, laktosefrei

PIMPEN, TOPPEN, VARIIEREN

* Wer möchte, kann eine Knoblauchzehe mitrösten. Anschließend aus der Schale drücken und mitpürieren.
** Statt Pekannüssen passen auch Walnüsse oder Macadamianüsse sehr gut.
*** Nach Belieben noch mit zerbröseltem Feta verfeinern.

RATZFATZ

AVOCADO-AUFSTRICH

Zubereitungszeit ca. 10 Minuten

Ergibt ca. 420 g (14 Portionen à ca. 30 g)

2 große reife Avocados
2 TL Zitronensaft
Salz
schwarzer Pfeffer aus der Mühle
150 g Doppelrahmfrischkäse
4 Schnittlauchhalme
½ TL Agavendicksaft (nach Belieben)

1 Die **Avocados** halbieren, entkernen, das Fruchtfleisch auslösen, würfeln und in eine Schüssel geben. 1 TL **Zitronensaft,** ¼ TL **Salz,** zwei Prisen **Pfeffer** und **Frischkäse** hinzufügen und fein zerdrücken. **2** **Schnittlauch** abbrausen, trocken schütteln, in Röllchen schneiden und untermischen. * Den Aufstrich mit **Agavendicksaft,** restlichem **Zitronensaft, Salz** und **Pfeffer** abschmecken. ** Frisch genießen. Der Aufstrich hält sich im Kühlschrank zwar 1–2 Tage, sieht dann aber nicht mehr so schön aus.

vegetarisch, glutenfrei, frei von raffiniertem Zucker

PIMPEN, TOPPEN, VARIIEREN

* Alternativ eine Frühlingszwiebel waschen, putzen, in feine Ringe schneiden und unterheben.
** Wer mag, kann fein gewürfelte Tomate, Chiliflocken und/oder eine zerdrückte Knoblauchzehe unterrühren.

„In den Aufstrichen ist ratzfatz ein bisschen Gemüse lecker versteckt!“

Tipp Für alle Schokoliebhaber: etwas Schokolade schmelzen und das abgekühlte Bananenbrot damit überziehen. Sieht schön aus und ist natürlich noch mal zusätzlich lecker. Als Aufstrich passt Schoko-Mandel-Creme (siehe Seite 36) super.

BANANENBROT

„Dieses Rezept habe ich von einer ehemaligen VOX-Kollegin. Es ist das allerbeste Bananenbrot ever, ever, ever! Und ich habe wirklich unzählige andere Versionen getestet …“

Zubereitungszeit 15 Minuten plus ca. 50 Minuten Backzeit

Ergibt 1 Kastenbrot (ca. 800 g, ca. 12 dicke Scheiben)

3–4 reife Bananen (ca. 400 g Fruchtfleisch)
80 g neutrales Pflanzenöl (z. B. Sonnenblumenöl)
80 g Zucker
250 g Dinkelmehl (Type 630)
10 g Backpulver
¼ TL gemahlener Zimt
1 Vanilleschote
100 g vegane Bitterschokolade (mind. 70 % Kakaoanteil)

Außerdem
Kastenbackform (28–30 cm Länge)

vegan, laktosefrei

1 Den Backofen auf 170 °C Umluft (oder 185 °C Ober-/Unterhitze) vorheizen. Die Kastenform mit Backpapier auslegen. 2 **Bananen** schälen, mit **Öl** und **Zucker** in eine Schüssel geben und fein zerdrücken. Dann **Mehl, Backpulver** und **Zimt** hinzugeben und nur kurz untermischen. 3 Die **Vanilleschote** längs aufschneiden, das Mark herauskratzen und untermengen.* Zum Schluss die **Schokolade** klein hacken und unterheben.** 4 Den Teig in die vorbereitete Kastenform füllen und glatt streichen.*** Im vorgeheizten Ofen etwa 50 Minuten backen. Sollte die Oberfläche gegen Ende der Backzeit zu dunkel werden, einfach locker mit Alufolie abdecken. 5 Herausnehmen, abkühlen lassen, dann das Bananenbrot aus der Form heben und vollständig erkalten lassen. In etwa zwölf dicke Scheiben schneiden und servieren.

KINDERLEICHT

PIMPEN, TOPPEN, VARIIEREN

* Wer mag, kann stattdessen auch 1 TL Vanillezucker dazugeben.
** Zusätzlich zu oder statt der gehackten Schokolade schmecken gehackte Mandeln im Teig.
*** Nach Belieben eine weitere Banane schälen, längs halbieren und mit den Schnittflächen auf den Teig legen.

RATZFATZ

FRENCH TOAST ROLLS MIT BANANE

Zubereitungszeit ca. 20 Minuten (ohne Schoko-Mandel-Creme)

Für 4 Personen

4 große Scheiben Vollkorntoast
4 EL Schoko-Mandel-Creme (siehe unten; alternativ weiße Schokocreme oder Schoko-Nuss-Creme, Fertigprodukt)
1 kleine Banane
1 EL Butterschmalz
2 Bioeier (Größe M)
3 EL Milch (3,5 % Fett)
1 Prise Salz
2–3 EL Zucker
½ TL gemahlener Zimt

vegetarisch

1 **Toastscheiben** mit einem Nudelholz dünn ausrollen und jeweils mit 1 EL **Schoko-Mandel-Creme** bestreichen. **Banane** schälen und in dünne Scheiben schneiden. Den unteren Rand der Toasts mit einer Reihe Bananenscheiben belegen, von unten nach oben aufrollen und gut festdrücken. 2 **Butterschmalz** in einer großen Pfanne erhitzen. **Eier** mit **Milch** und **Salz** in einem tiefen Teller verquirlen. Die Toastrollen vorsichtig darin wenden, abtropfen lassen und in die Pfanne geben. Bei mittlerer Hitze unter vorsichtigem Wenden 7–10 Minuten rundum goldbraun backen. 3 Inzwischen **Zucker** und **Zimt** in einem tiefen Teller mischen. Die noch heißen French Toast Rolls im Zimtzucker wenden, die Rollen einmal diagonal halbieren, auf vier Teller geben und sofort servieren.

GUT VORZUBEREITEN

SCHOKO-MANDEL-CREME

Zubereitungszeit ca. 15 Minuten plus mind. 2 Stunden Kühlzeit

Ergibt ca. 440 g (22 Portionen à ca. 20 g)

100 g gemahlene braune Mandeln
150 g weiße Schokolade
100 g Sahne
100 ml Milch (3,5 % Fett)
30 g Agavendicksaft
¼ TL Salz
1 EL Kokosöl

vegetarisch, glutenfrei

1 **Mandeln** in einer Pfanne ohne Fett rösten, bis sie aromatisch duften, dann kurz abkühlen lassen. Für eine besonders feine Creme die Mandeln anschließend mit dem Stabmixer in einem hohen Mixbecher noch feiner mahlen. 2 **Schokolade** klein hacken.* **Sahne, Milch** und **Agavendicksaft** in einem Topf erhitzen. Schokolade dazugeben und bei niedriger Hitze unter Rühren schmelzen. Mandeln, **Salz** und **Kokosöl** unterrühren. 3 Die Creme in ein großes Schraubglas füllen, auskühlen lassen und verschließen. Vor der Verwendung mindestens 2 Stunden kalt stellen, damit sie eindickt und streichfähig wird. Im Kühlschrank hält sie sich etwa 5 Tage.

PIMPEN, TOPPEN, VARIIEREN

* Für dunkle Creme Bitter- oder Milchschokolade sowie gemahlene Haselnüsse statt Mandeln verwenden. Außerdem noch 1 EL Kakaopulver hinzufügen.

Tipp Dieser Aufstrich wird auch für French Toast Rolls mit Banane (siehe unten) und für die Mandelfüllung bei den Pfannkuchen (siehe Seite 108) verwendet.

„Wir mögen hier witzigerweise alle keine Nutella, aber diese Nusscreme ist himmlisch. Versprochen!“

HÄNDE-FREI-
Ofengerichte

„Wenn ihr wüsstet, was ich alles nebenbei mache – ich mache wirklich NIE nur eine Sache zur selben Zeit. Pflaster aufkleben, Streit schlichten, Türme bauen, Pony spielen: alles nebenbei mit links! Deshalb liebe ich Aufläufe. Da hat man mal kurz Zeit, sich nur um die Kinder zu kümmern."

OFENGNOCCHI MIT
Kirschtomaten und Burrata

*„So einfach, so praktisch, so gut.
Und alle werden pappsatt und glücklich."*

Zubereitungszeit ca. 10 Minuten plus ca. 25 Minuten Backzeit

Für 4 Personen

1 Knoblauchzehe
1 EL weißer Balsamico-Essig
1 TL Agavendicksaft
3 EL Olivenöl plus etwas zum Einfetten
1 TL getrockneter Oregano
½ TL getrockneter Thymian
¼ TL gemahlener Rosmarin
Salz
schwarzer Pfeffer aus der Mühle
200 g Kirschtomaten
500 g Gnocchi (aus dem Kühlregal)
150 g Burrata (Abtropfgewicht)
2 Handvoll Basilikumblätter
Außerdem
mittelgroße Auflaufform (ca. 25 cm)

vegetarisch, frei von raffiniertem Zucker

(1) Den Backofen auf 200 °C Ober-/Unterhitze vorheizen. (2) Die **Knoblauchzehe** schälen und durch die Presse in eine Schale drücken. **Balsamico-Essig, Agavendicksaft, Öl, Kräuter** und etwas **Salz** und **Pfeffer** hinzugeben und zu einer Marinade verrühren. (3) Die Auflaufform mit etwas **Öl** auspinseln. Die **Kirschtomaten** waschen, je nach Größe halbieren oder vierteln und mit den **Gnocchi** in die Form geben.* Die Marinade über die Gnocchi-Tomaten-Mischung träufeln, vermengen und im vorgeheizten Ofen etwa 20 Minuten backen. (4) Inzwischen die **Burrata** etwas auseinanderzupfen, **salzen** und **pfeffern.**** (5) Die Form aus dem Ofen nehmen, alles einmal umrühren, Burrata darauf verteilen und noch etwa 5 Minuten backen. (6) Die **Basilikumblätter** abbrausen und trocken tupfen. Die Form aus dem Ofen nehmen, das Gericht auf vier Teller verteilen, mit Basilikum bestreuen und genießen.

PIMPEN, TOPPEN, VARIIEREN

* Statt Kirschtomaten oder zusätzlich zu ihnen schmecken in diesem Gericht auch frische, in Scheiben geschnittene Champignons oder Zucchiniwürfel.

** Wer keine Burrata hat, kann Büffelmozzarella verwenden.

KINDERLEICHT

Lieblingsauflauf
mit Tomaten

Tipp Dazu am besten Ketchup (siehe Seite 96), Mayo (siehe Seite 96) oder Sour Cream (siehe Seite 97) reichen.

KARTOFFEL-WEDGES

mit Gurkensalat

„Wenn meine Kinder mal wieder behaupten: ‚Wedges mag ich nicht‘, nenne ich sie einfach Pommes – und die Welt ist in Ordnung ...“

Zubereitungszeit 20 Minuten plus mind. 30 Minuten Einlegezeit, ca. 30 Minuten Backzeit und ca. 15 Minuten Kühlzeit

Für 4 Personen

Für die Wedges
1 kg festkochende Kartoffeln
2 EL Rapsöl
1 TL edelsüßes Paprikapulver
½ TL getrockneter Oregano
¼ TL getrockneter Thymian
¼ TL gemahlener Rosmarin
½ TL Salz

Für den Gurkensalat
2 Frühlingszwiebeln
2 mittelgroße Salatgurken
½ Bund Petersilie
2 ½ EL weißer Balsamico-Essig
4 EL Olivenöl
1 TL Agavendicksaft
Salz
schwarzer Pfeffer aus der Mühle

vegan, laktosefrei, glutenfrei, frei von raffiniertem Zucker

KINDERLEICHT

1 Für die Wedges die **Kartoffeln** schälen (oder ungeschält lassen, aber gründlich waschen) und längs in 1,5–2 cm dicke Spalten schneiden. In eine Schüssel mit kaltem Wasser geben und mindestens 30 Minuten wässern. Dann in ein Sieb abgießen, abbrausen, auf ein Küchentuch geben und gut trocken tupfen. **2** Den Backofen auf 200 °C Ober-/Unterhitze vorheizen. Ein Backblech mit Backpapier auslegen. **3** **Öl** mit den restlichen **Zutaten** in einer Schüssel verrühren. Kartoffelspalten hinzugeben und im Gewürzöl wenden, sodass sie damit rundum leicht benetzt sind. Dann nebeneinander auf dem vorbereiteten Blech verteilen – die Kartoffelspalten sollten sich nicht berühren, damit sie schön knusprig werden. **4** Im vorgeheizten Ofen auf der mittleren Schiene etwa 30 Minuten knusprig und goldbraun backen. Zwischendurch einmal wenden und am besten ab und zu kurz die Ofentür öffnen, damit der Dampf entweichen kann. Wer mag, schaltet in den letzten Minuten der Garzeit die Grillfunktion zu. **5** In der Zwischenzeit für den Gurkensalat **Frühlingszwiebeln** waschen, putzen und in feine Ringe schneiden. **Salatgurken** waschen, schälen und in sehr feine Scheiben schneiden oder hobeln. **Petersilie** abbrausen, trocken schütteln und die Blätter fein hacken. * Alles in eine Schüssel geben. **Essig, Öl** und **Agavendicksaft** verrühren und mit **Salz** und **Pfeffer** kräftig würzen. Das Dressing über den Salat träufeln, vermengen und etwa 15 Minuten im Kühlschrank ziehen lassen. Anschließend mit **Salz** und **Pfeffer** abschmecken. **6** Die Wedges mit dem Gurkensalat auf vier Tellern anrichten und servieren.

PIMPEN, TOPPEN, VARIIEREN

* Zusätzlich kann man Schnittlauch oder ganz klassisch Dill mit in den Salat geben.

OFENHÄHNCHEN

mit Gemüse

„Mmh, Ofenhähnchen! Allein beim Gedanken daran kriege ich dermaßen Appetit …“

Zubereitungszeit 20 Minuten plus ca. 60 Minuten Backzeit

Für 4 Personen

4 Biohähnchenkeulen (à ca. 250 g)
1 EL Olivenöl
Salz
schwarzer Pfeffer aus der Mühle
¾ TL edelsüßes Paprikapulver
je 1 rote, gelbe und grüne Paprikaschote
1 Zucchini
2 Karotten
2 Knoblauchzehen
2 rote Zwiebeln
2 Zweige Rosmarin
150 ml Hühnerbrühe
1 Biozitrone

laktosefrei, glutenfrei, frei von raffiniertem Zucker

1 Den Backofen auf 200 °C Ober-/Unterhitze vorheizen. 2 **Hähnchenkeulen** abbrausen, trocken tupfen und von überschüssigem Fett befreien. **Öl** mit ¼ TL **Salz,** etwas **Pfeffer** und **Paprikapulver** verrühren und die Hähnchenkeulen damit einreiben. 3 **Paprikaschoten** waschen, entkernen und in etwa 2 cm breite Streifen schneiden. **Zucchini** waschen, längs halbieren und in 1,5 cm dicke Scheiben schneiden. **Karotten** schälen und in etwa 1 cm dicke Stifte schneiden. **Knoblauchzehen** schälen und in dünne Scheiben schneiden. **Zwiebeln** schälen und vierteln. **Rosmarin** abbrausen und trocken schütteln.* 4 Hähnchenkeulen in eine Auflaufform oder einen Bräter geben, das vorbereitete Gemüse mit dem Rosmarin drumherum verteilen, mit **Salz** und **Pfeffer** würzen und **Hühnerbrühe** zugießen. Die Form in den vorgeheizten Ofen geben und etwa 60 Minuten goldbraun backen, dabei das Gemüse und die Hähnchenkeulen zwei- bis dreimal mit dem Garsud übergießen. In den letzten 5–10 Minuten Backzeit nach Belieben die Grillfunktion zuschalten. 5 **Zitrone** in Spalten schneiden. Die fertigen Hähnchenkeulen mit dem Gemüse auf vier Teller verteilen und mit Zitronenspalten servieren.

Tipp Dazu passen Reis oder Kartoffel-Wedges (siehe Seite 43) und Sour Cream (siehe Seite 97).

GUT VORZUBEREITEN

PIMPEN, TOPPEN, VARIIEREN

* Beim Gemüse kann nach Belieben oder Jahreszeit variiert werden. Auch lecker sind zum Beispiel Kürbis, Rote Beten und Kartoffeln.

Wikingerbraten
mit allem Möglichen

Orient-Express

Tipp Dazu passt gebratenes Hähnchen oder Fisch. Pastinaken-Pommes schmecken aber auch super als Beilage zu Burgern (siehe Seite 94).

PASTINAKEN-POMMES
mit Curry-Apfelmus-Dip

„Ich finde kaum ein Gemüse so geil (Tschuldigung) aromatisch wie Pastinaken.“

Zubereitungszeit 20 Minuten plus 20–25 Minuten Backzeit (pro Blech)

Für 4 Personen

Für die Pommes
1 kg Pastinaken
2 EL Rapsöl
Salz
schwarzer Pfeffer aus der Mühle
½ TL Currypulver

Für den Dip
150 g Crème fraîche
75 g Joghurt Natur (3,5 % Fett)
2 EL ungesüßtes Apfelmus (siehe Seite 17)
2 TL Currypulver
1 EL Agavendicksaft
Salz
schwarzer Pfeffer aus der Mühle

vegetarisch, glutenfrei, frei von raffiniertem Zucker

GUT VORZUBEREITEN

1 Den Backofen auf 200 °C Ober-/Unterhitze vorheizen. Zwei Backbleche mit Backpapier auslegen. 2 Für die Pommes die **Pastinaken** schälen, längs in 5–8 mm dicke Scheiben schneiden und diese in Pommes-Form schneiden. 3 **Öl** in eine Schüssel geben und kräftig mit **Salz, Pfeffer** und **Currypulver** würzen. Die Pommes zugeben und im Würzöl gut wenden, sodass sie rundum leicht benetzt sind. Dann so auf den Blechen verteilen, dass sie nicht übereinanderliegen, und 20–25 Minuten im vorgeheizten Ofen knusprig und goldbraun backen. Zwischendurch einmal wenden und die Backofentür ab und zu öffnen, sodass der Dampf entweichen kann. 4 Inzwischen für den Dip **Crème fraîche** mit **Joghurt** und **Apfelmus** verrühren. **Currypulver** und **Agavendicksaft** untermischen und den Dip mit **Salz** und **Pfeffer** kräftig abschmecken. * 5 Die fertigen Pommes nach Belieben mit **Salz** würzen, auf vier Teller verteilen und mit dem Dip servieren.

PIMPEN, TOPPEN, VARIIEREN

* Wer es gern scharf mag, nimmt seinen Teil vom Dip ab und verrührt ihn mit Chiliflocken.

MAC 'N' CHEESE
mit Maissauce

„Einfach, supercremig und extrakäsig: Mac 'n' Cheese ist ein echter Klassiker. Die Maissauce verleiht ihm einen gewissen Kick on top."

Zubereitungszeit 25 Minuten plus ca. 10 Minuten Garzeit, ca. 20 Minuten Backzeit und mind. 5 Minuten Ruhezeit (ohne Brühe)

Für 6 Personen

400 g Makkaroni
Salz
3 Frühlingszwiebeln
2 Knoblauchzehen
1 Dose Mais (330 g)
1 TL Butter
100 ml Gemüsebrühe (siehe Seite 72; alternativ Fertigprodukt)
300 ml Milch (3,5 % Fett)
200 g Sahne
150 g geriebener Mozzarella
Saft von ½ Limette
schwarzer Pfeffer aus der Mühle
4 Stängel glatte Petersilie

Außerdem
Auflaufform (ca. 20 × 30 cm; alternativ eine ähnlich große Auflaufform)

vegetarisch, frei von raffiniertem Zucker

1 **Makkaroni** in reichlich kochendem **Salzwasser** 2–3 Minuten kürzer garen, als in der Packungsanweisung steht. In ein Sieb abgießen, kalt abschrecken und abtropfen lassen. 2 Inzwischen **Frühlingszwiebeln** waschen, putzen, dann grüne und weiße Teile getrennt in feine Ringe schneiden. **Knoblauchzehen** schälen und hacken. **Mais** in ein Sieb abgießen und gut abtropfen lassen. **Butter** in einem Topf erhitzen. Weiße Frühlingszwiebelringe und Knoblauch darin bei mittlerer Hitze 5 Minuten anschwitzen. Mais mit etwas **Salz** hinzufügen und kurz mitbraten. Dann **Gemüsebrühe, Milch** und **Sahne** zugießen, aufkochen und die Maissauce etwa 10 Minuten köcheln lassen. 3 Den Backofen auf 190 °C Ober-/Unterhitze vorheizen. 4 Die Maismischung mit dem Stabmixer zu einer glatten Sauce mixen und dann durch ein feines Sieb passieren. 75 g **Mozzarella** hinzugeben und unter Rühren schmelzen lassen. Mit **Limettensaft, Salz** und **Pfeffer** abschmecken. 5 Makkaroni in die Auflaufform geben, grüne Frühlingszwiebelringe untermischen und mit der Maissauce bedecken. Restlichen **Mozzarella** darüberstreuen und im vorgeheizten Ofen etwa 20 Minuten überbacken.* 6 Die Form aus dem Ofen nehmen und mindestens 5 Minuten ruhen lassen. **Petersilie** abbrausen, trocken tupfen und die Blätter fein hacken. Mac 'n' Cheese auf sechs Teller verteilen und mit Petersilie bestreut servieren.

PIMPEN, TOPPEN, VARIIEREN

* Statt Mozzarella kann geriebener Gouda, Cheddar, Parmesan oder eine Mischung aus mehreren Käsesorten verwendet werden.

yes, we can!

Tipp Salat, Dressing und karamellisierte Walnüsse lassen sich super vorbereiten. Dann nur noch die Süßkartoffeln in den Ofen schieben, den Salat mit dem Dressing anmachen – und das Gericht ist im Nu serviert.

GERÖSTETE SÜSSKARTOFFEL

mit karamellisierten Walnüssen auf Salat

„Geröstete Süßkartoffelwürfel – so easy und doch so köstlich. Im Airfryer werden sie übrigens extraknusprig!“

Zubereitungszeit 30–35 Minuten

Für 4 Personen

Für die Süßkartoffeln
650 g Süßkartoffeln
2 EL Olivenöl
Salz
schwarzer Pfeffer aus der Mühle

Für das Dressing
2 EL Balsamico-Essig
1 TL Honig
6 EL Olivenöl
½ TL getrockneter Thymian
2 Prisen Salz
1–2 Prisen schwarzer Pfeffer aus der Mühle

Für Salat und Walnüsse
50 g junger Blattspinat
100 g Feldsalat
50 g Walnusskerne
1 EL flüssiger Honig
150 g Feta (45 % Fett)

vegetarisch, glutenfrei, frei von raffiniertem Zucker

GUT VORZUBEREITEN

1 Den Backofen auf 200 °C Ober-/Unterhitze vorheizen. Ein Backblech mit Backpapier auslegen. **2** **Süßkartoffeln** schälen, in etwa 2 cm große Würfel schneiden und in eine Schüssel geben.* **Öl** mit etwas **Salz** und **Pfeffer** verrühren, über die Süßkartoffelwürfel träufeln und vermischen. Auf dem vorbereiteten Blech verteilen und etwa 25 Minuten im vorgeheizten Ofen weich rösten, dabei zwischendurch einmal wenden. **3** Inzwischen für das Dressing alle **Zutaten** mit 1–2 TL kaltem Wasser gut verrühren. **4** Für den Salat **Blattspinat** und **Feldsalat** waschen und trocken schleudern.** In eine Schüssel geben, die Hälfte des Dressings darüberträufeln und vermengen, dann auf vier Teller oder Schalen verteilen. **5** **Walnusskerne** grob hacken und in einer Pfanne ohne Fett anrösten, bis sie aromatisch duften. **Honig** darüberträufeln und die Nüsse kurz karamellisieren lassen. **6** **Feta** zerbröseln. Geröstete Süßkartoffelwürfel auf dem Salat verteilen, mit Feta und Nüssen toppen, mit dem restlichen Dressing beträufeln und sofort servieren.

PIMPEN, TOPPEN, VARIIEREN

* Statt Süßkartoffeln kann man Kürbis verwenden.

** Hier schmecken auch andere Blattsalate, zum Beispiel Lollo rosso, Endiviensalat oder Rucola.

GRÜNE KNUSPERTARTE
mit Brokkoli

„Da einige unserer Kinder nichts Grünes essen, sind wir immer wieder überrascht, dass sie diese Tarte so lieben. Sie muss wohl echt gut sein."

Zubereitungszeit 30 Minuten
plus 35–40 Minuten Backzeit
und 10 Minuten Nachgarzeit

Ergibt 8 Stücke

350 g TK-Brokkoli
Salz
1 Schalotte
2 Frühlingszwiebeln
1 EL Olivenöl
100 g Schmand
4 Bioeier (Größe M)
schwarzer Pfeffer aus der Mühle
1 TL getrockneter Oregano
40 g Butter
8 Blätter Filoteig (à 30 × 31 cm,
ca. 200 g; aus dem Kühlregal)
2 EL Semmelbrösel
175 g Ricotta
Außerdem
runde Springform (Ø 24 cm)

vegetarisch, frei von raffiniertem Zucker

1 **TK-Brokkoli** in kochendem **Salzwasser** etwa 5 Minuten weich garen. 2 Inzwischen die **Schalotte** schälen und fein würfeln. **Frühlingszwiebeln** waschen, putzen und in feine Ringe schneiden. Beides in einer kleinen Pfanne im **Öl** etwa 5 Minuten anschwitzen. 3 Brokkoli abgießen, kalt abschrecken und gut abtropfen lassen. Mit **Schmand** und Frühlingszwiebelmischung in einen hohen Mixbecher geben und mit dem Stabmixer fein pürieren. **Eier** nacheinander untermixen und alles mit ¾ TL **Salz,** zwei Prisen **Pfeffer** und **Oregano** würzen. 4 Den Backofen auf 190 °C Ober-/Unterhitze vorheizen. Den Boden der Springform mit Backpapier auslegen. 5 **Butter** zerlassen. Die **Filoteigblätter** von beiden Seiten mit etwas Butter bepinseln und die Form damit jeweils leicht versetzt komplett so auskleiden, dass die Blätter etwa 5 cm über den Rand ragen. Den Boden mit **Semmelbröseln** bestreuen und dann die Brokkolimischung einfüllen. **Ricotta** teelöffelweise auf der Füllung verteilen. * Die Teigblätter über die Füllung klappen, sodass diese am Rand damit bedeckt wird und in der Mitte ein kleiner Kreis frei bleibt. Die Teigoberfläche mit der restlichen Butter bepinseln. 6 Im vorgeheizten Ofen 35–40 Minuten goldbraun backen. Sobald der Teig oben dunkel wird, mit Alufolie abdecken. Den Ofen ausschalten und die Tarte bei geschlossener Ofentür 10 Minuten nachgaren lassen. 7 Herausnehmen, kurz ruhen lassen, aus der Form nehmen, auf eine Platte setzen und in Stücke schneiden.

PIMPEN, TOPPEN, VARIIEREN

* Anstelle von Ricotta kann man in Scheiben geschnittenen Feta, Ziegenkäse oder Halloumi nehmen.

GEMÜSEVERSTECK

Pssst! Streng geheim!

Tipp Das Fleisch am besten gleich beim Metzger in 3–4 cm große Würfel schneiden lassen.

RINDERRAGOUT

mit Teigkruste

„Meine Nachbarin hat einen ähnlichen Auflauf immer an Geburtstagen zubereitet. Leider hat sie das Rezept nie rausgerückt … Ich habe getüftelt und getüftelt, hier und dort was optimiert – und jetzt schmeckt meiner sogar besser als ihrer."

Zubereitungszeit ca. 50 Minuten plus ca. 2 Stunden Garzeit und 35–40 Minuten Backzeit

Für 6–8 Personen

Für das Ragout
200 g Champignons
2 große Karotten
4 große Schalotten
4 EL Rapsöl
200 g Biospeckwürfel
1 kg Biorindfleisch (aus dem Nacken)
Salz
schwarzer Pfeffer aus der Mühle
30 g Butter
1 TL Agavendicksaft
25 g Dinkelmehl (Type 630)
150 ml Traubensaft
800 ml Rinderfond (alternativ Rinderbrühe)
1 ½ TL getrockneter Thymian
2 Lorbeerblätter
3 EL Worcestershiresauce

Für die Teigkruste
170 g Dinkelmehl (Type 630)
3 TL Backpulver
½ TL Salz
80 g kalte Butter
40 g Gratinkäse
1 Bioei (Größe M)
100 ml Milch (3,5 % Fett)

Außerdem
Auflaufform (ca. 20 × 30 cm; alternativ eine ähnlich große Auflaufform)

FÜR GÄSTE
GUT VORZUBEREITEN

1 Für das Ragout **Champignons** putzen und vierteln. **Karotten** schälen und in Scheiben schneiden. **Schalotten** schälen und in Ringe schneiden. 2 EL **Öl** in einem Topf (am besten ein Schmortopf) erhitzen, **Speckwürfel** darin auslassen, herausnehmen und beiseitestellen. 2 Inzwischen das **Fleisch** in 3–4 cm große Würfel schneiden, in zwei Portionen in den Topf geben und im ausgelassenen Fett rundum braun anbraten, dabei **salzen** und **pfeffern.** In eine Schüssel geben. 15 g **Butter** im Topf zerlassen, dann Pilze und Karotten darin einige Minuten anbraten. Zum Fleisch in die Schüssel geben. 3 Restliche **Butter** mit übrigem **Öl** in den Topf geben und Schalotten darin glasig schwitzen. **Agavendicksaft** hinzufügen und kurz karamellisieren lassen. **Mehl** darüberstäuben und anschwitzen, dann mit **Traubensaft** und **Fond** ablöschen.* **Thymian, Lorbeerblätter** und **Worcestershiresauce** dazugeben und unter Rühren aufkochen. Den Inhalt der Schüssel hinzufügen, leicht mit **Salz** und **Pfeffer** würzen und etwa 2 Stunden offen köcheln lassen, bis das Ragout zart und die Sauce etwas eingedickt ist. Lorbeerblätter entfernen und die Fleisch-Gemüse-Mischung in die Auflaufform füllen. 4 Den Backofen auf 180 °C Ober-/Unterhitze vorheizen. 5 Für die Teigkruste **Mehl** mit **Backpulver** und **Salz** vermengen. **Butter** klein würfeln, dazugeben und mit den Fingern einarbeiten, sodass eine krümelige Mischung entsteht. Den **Käse** untermengen. **Ei** und **Milch** verquirlen, hinzufügen und alles mit den Quirlen des Handrührgeräts verrühren. Den Teig mit zwei Esslöffeln als kleine Portionen am Rand der Auflaufform verteilen. Im vorgeheizten Ofen 35–40 Minuten backen, bis die Teigkruste goldbraun ist. 6 Herausnehmen, kurz ruhen lassen, dann das Ragout mit der Teigkruste auf vier Teller verteilen und servieren.

PIMPEN, TOPPEN, VARIIEREN

* Statt Traubensaft kann man Kirschsaft verwenden oder – als reines „Erwachsenenessen" – Rotwein.

KARTOFFEL-KÜRBIS-GRATIN
mit Nusscrunch

„Bei uns sind sich wirklich alle einig: Ein bisschen Crunch gehört auf fast alles!“

Zubereitungszeit 30 Minuten plus ca. 55 Minuten Backzeit

Für 6–8 Personen

1 rote Zwiebel
1 TL Olivenöl
650 g festkochende Kartoffeln
550 g Hokkaidokürbis
3 TL Butter
Salz
200 g Sahne
100 ml Milch (3,5 % Fett)
100 g Schmand
100 g Ziegenfrischkäse
schwarzer Pfeffer aus der Mühle
1 TL getrockneter Oregano
½ TL getrockneter Thymian
50 g Walnusskerne
30 g gehackte Haselnusskerne
4 EL Semmelbrösel
150 g Ziegenkäserolle
Außerdem
Auflaufform (ca. 20 × 30 cm; alternativ eine ähnlich große Auflaufform)

vegetarisch, frei von raffiniertem Zucker

1 Den Backofen auf 190 °C Ober-/Unterhitze vorheizen. 2 **Zwiebel** schälen, in feine Ringe schneiden, mit dem **Öl** in eine kleine Pfanne geben und etwa 5 Minuten anbraten. 3 **Kartoffeln** schälen und in etwa 2 mm dünne Scheiben hobeln. **Kürbis** waschen, entkernen und ungeschält in 3–4 mm dünne Scheiben schneiden. 4 Die Auflaufform mit 1 TL **Butter** einfetten. Kartoffeln und Kürbis abwechselnd in die Form schichten, dabei die einzelnen Schichten leicht **salzen** und zwischendurch die Zwiebelringe darüberstreuen.* 5 **Sahne, Milch, Schmand** und **Ziegenfrischkäse** verrühren, mit etwas **Salz, Pfeffer, Oregano** und **Thymian** würzen und gleichmäßig über die Kartoffel-Kürbis-Mischung gießen.** Im vorgeheizten Ofen etwa 20 Minuten backen, dann mit Alufolie abdecken und weitere 20 Minuten backen. 6 Inzwischen die **Walnüsse** klein hacken und mit den **Haselnüssen** in einer Pfanne ohne Fett anrösten. Aus der Pfanne nehmen und die restliche **Butter** darin schmelzen lassen. Die **Semmelbrösel** hinzugeben und kurz anrösten. Dann die Nüsse untermischen und vom Herd nehmen. Den **Ziegenkäse** fein hacken und mit dem Nusscrunch vermengen.*** 7 Das Gratin kurz aus dem Ofen nehmen, die Nuss-Ziegenkäse-Mischung darauf verteilen, die Form zurück in den Ofen stellen und das Gratin noch etwa 15 Minuten überbacken. 8 Herausnehmen und vor dem Servieren kurz ruhen lassen.

PIMPEN, TOPPEN, VARIIEREN

* Wem das Schichten zu aufwendig ist, der kann natürlich auch alle Zutaten vermengen und so in die Form geben.

** Wer keinen Ziegenkäse mag, nimmt stattdessen 200 g Schmand.

*** Hier kann statt Ziegenkäse auch geriebener Gratinkäse verwendet werden.

GUT VORZUBEREITEN

Knuspriger
Geisterauflauf

EASY-PEASY
Familienessen

„Es gibt nichts Schöneres, als alle an einem Tisch zu haben. Denn essen ist so viel mehr, als nur satt zu werden – das ist Quality Time. Zumindest bis zum Abwasch.“

KÄSE-LAUCH-SUPPE
mit Brezel-Croûtons

„Diese Suppe hat schon meine Mama immer gekocht – aber die Brezel-Croûtons sind meine Erfindung!“

Zubereitungszeit ca. 30 Minuten

Für 4 Personen

Für die Suppe
2 Schalotten
2 dünne Lauchstangen
1 EL Butter
1 EL Olivenöl
250 g gemischtes Biohackfleisch
Salz
schwarzer Pfeffer aus der Mühle
1 l Rinderbrühe
300 g Kräuterschmelzkäse
1 Prise frisch geriebene Muskatnuss

Für die Brezel-Croûtons
1 Brezel
1 EL Butterschmalz
4 Stängel Petersilie

frei von raffiniertem Zucker

1 Für die Suppe **Schalotten** schälen und fein würfeln. **Lauch** putzen, waschen und in dünne Ringe schneiden. 2 **Butter** und **Öl** in einem Topf erhitzen. **Hackfleisch** zugeben, unter Rühren bei mittlerer bis starker Hitze krümelig braten und mit **Salz** und **Pfeffer** würzen.* Die Temperatur reduzieren und die Schalotten 3–4 Minuten mitbraten. Lauch hinzufügen, mit **Rinderbrühe** ablöschen und aufkochen. Den **Schmelzkäse** einrühren und die Suppe etwa 15 Minuten bei niedriger Hitze köcheln lassen. 3 Inzwischen für die Brezel-Croûtons die **Brezel** in dünne Scheiben schneiden. **Butterschmalz** in einer großen Pfanne erhitzen und die Brezelscheiben darin von beiden Seiten bei mittlerer Hitze goldbraun rösten. **Petersilie** abbrausen, trocken schütteln und die Blätter hacken. Die Pfanne vom Herd nehmen und die Petersilie unter die Croûtons mischen.** 4 Die Suppe mit **Salz, Pfeffer** und **Muskat** abschmecken, in vier tiefe Teller oder Schalen füllen und mit Brezel-Croûtons garniert servieren.

PIMPEN, TOPPEN, VARIIEREN

* Natürlich kann man das Hackfleisch auch durch Sojahack oder Ähnliches ersetzen und die Suppe mit Gemüsebrühe vegetarisch zubereiten.

** Statt Petersilie passt auch Schnittlauch oder eine Mischung aus verschiedenen Kräutern nach Wahl hervorragend.

KINDERLEICHT

Ene, mene, 1, 2, 3,
Suppenallerlei

Feuerspieße mit geiler Sauce

Tipp Wenn man die Erdnusssauce bereits am Vorabend zubereitet und über Nacht in den Kühlschrank stellt und auch das Hähnchenfleisch schon am Abend vorher mariniert, hat man am nächsten Tag in weniger als 20 Minuten das Mittagessen auf dem Tisch. Als Sättigungsbeilage schmeckt Reis.

TERIYAKI-HÄHNCHENSPIESSE

mit Erdnusssauce und Zuckerschoten

„Es gibt Erdnusssauce – und es gibt meine Erdnusssauce. Just sayin' … Probiert sie einfach aus und überzeugt euch selbst. Aber Achtung: Sie macht echt süchtig!"

Zubereitungszeit ca. 30 Minuten plus mind. 60 Minuten Marinierzeit (ohne Sauce)

Für 4 Personen

Für die Spieße
2 Biohähnchenbrustfilets (à ca. 200 g)
6 EL Teriyaki-Sauce
2 EL Rapsöl
1 TL Honig

Für die Zuckerschoten
1 EL Sesamsaat
200 g Zuckerschoten
1 EL Rapsöl
1 EL Sojasauce

Zum Servieren
1 Rezeptmenge Erdnusssauce (siehe Seite 97)

Außerdem
lange Holzspieße (ca. 20 cm)

laktosefrei

① Für die Spieße **Hähnchenbrustfilets** kalt abbrausen und trocken tupfen, dann mit einem scharfen Messer längs in möglichst dünne Streifen schneiden. Hähnchenstreifen in eine flache Schale oder Auflaufform geben und mit der **Teriyaki-Sauce** mischen. Abdecken und mindestens 60 Minuten im Kühlschrank marinieren. ② Für die Zuckerschoten **Sesam** in einer Pfanne trocken anrösten. Herausnehmen und beiseitestellen. Inzwischen **Zuckerschoten** abbrausen und putzen. **Öl** in der Pfanne erhitzen und die Zuckerschoten darin etwa 1 Minute scharf anbraten. Mit **Sojasauce** ablöschen und mit Sesam bestreuen. Bei niedriger Hitze warm halten.* ③ Je zwei bis drei Hähnchenstreifen wellenförmig auf lange Holzspieße stecken. **Öl** in einer zweiten großen Pfanne erhitzen und die Hähnchenspieße (eventuell portionsweise) von beiden Seiten jeweils 2–3 Minuten bei mittlerer bis hoher Hitze anbraten. Die Marinadenreste mit dem **Honig** verrühren, über die Spieße träufeln und noch etwa 3 Minuten in der heißen Pfanne ziehen lassen, bis sie ganz durchgegart sind. ④ Die Hähnchenspieße mit Zuckerschoten und **Erdnusssauce** auf Tellern anrichten und servieren.

GUT VORZUBEREITEN
FÜR GÄSTE

PIMPEN, TOPPEN, VARIIEREN

* Statt Zuckerschoten passen auch grüne Bohnen prima.

RAINBOW SALAD
mit Reisnudeln

„Der ist einfach nur WOW.“

Zubereitungszeit ca. 45 Minuten

Für 4 Personen

Für den Salat
50 g dünne Reisnudeln
180 g Rotkohl
Salz
2 Mini-Pak-Choi
2 Karotten
1 Minisalatgurke
1 kleine gelbe Paprikaschote
1 kleine rote Paprikaschote
40 g gesalzene, geröstete Cashewkerne
2 EL Sesamsaat
1 Frühlingszwiebel
1 Handvoll Korianderblätter (nach Belieben)

Für das Dressing
Saft und abgeriebene Schale von 1 Biolimette
2 EL Sesamöl
2 EL Tahin (Sesampaste)
3 EL Sojasauce
2 EL Agavendicksaft

vegan, laktosefrei, frei von raffiniertem Zucker

GUT VORZUBEREITEN
FÜR GÄSTE

1 Für den Salat **Reisnudeln** nach Packungsanweisung garen, kalt abschrecken, mit der Küchenschere etwas kleiner schneiden und beiseitestellen. 2 **Rotkohl** waschen, putzen und in sehr feine Streifen schneiden oder hobeln (am besten Einweghandschuhe tragen). Den Rotkohl in einem Sieb mit zwei Prisen **Salz** vermengen und gründlich durchkneten, dann 15 Minuten ziehen lassen. 3 Inzwischen **Pak Choi** waschen, putzen und in feine Streifen schneiden.* **Karotten** schälen, **Gurke** waschen. Beides mit dem Julienneschneider in feine Streifen schneiden. Beide **Paprikaschoten** waschen, entkernen und in sehr feine Streifen schneiden. Alles mit Reisnudeln und Rotkohl in eine große Schüssel geben und mischen. 4 Für das Dressing **Limettensaft** und **Limettenschale** mit **Sesamöl, Tahin, Sojasauce** und **Agavendicksaft** zu einem cremigen Dressing verrühren.** Die Hälfte des Dressings über den Salat träufeln und vermengen. 5 Die **Cashewkerne** fein hacken. **Sesam** in einer Pfanne ohne Fett anrösten, bis die Samen aromatisch duften. Inzwischen die **Frühlingszwiebel** waschen, putzen und schräg in feine Ringe schneiden. **Koriander,** falls verwendet, abbrausen und trocken tupfen. 6 Den Salat auf vier Bowls oder Teller verteilen, mit Cashews, Sesam, Frühlingszwiebelringen und Koriander bestreuen, mit dem restlichen Dressing beträufeln und genießen.

PIMPEN, TOPPEN, VARIIEREN

* Alternativ passt ein Viertel kleiner Chinakohl.

** Wer es gern scharf mag, kann das Dressing oder einen Teil davon mit fein gehackter Chili oder geriebenem Ingwer verrühren. Wer es milder liebt, kann statt Tahin auch Cashewmus verwenden.

Regenbogensalat

Puffer mit Drachensauce

MAIS-ZUCCHINI-PUFFER
mit Kräuterdip

„Ich bin eine Gemüseschmugglerin. Zum Glück wissen meine Kinder aber nicht, dass ich regelmäßig Grünzeug im Essen verstecke.“

Zubereitungszeit ca. 35 Minuten

Für 4 Personen (ergibt ca. 12 Puffer)

Für die Puffer
100 g Zucchini
100 g Mais aus der Dose
5 Schnittlauchhalme
170 g Dinkelmehl (Type 630)
1 ½ TL Backpulver
¼ TL Salz
125 g Kräuter-Doppelrahmfrischkäse
85 ml Buttermilch
2 Bioeier (Größe L)
schwarzer Pfeffer aus der Mühle
1 TL Limettensaft
1–2 EL Butterschmalz
Für den Kräuterdip
je 4 Stängel Petersilie, Schnittlauch und Basilikum
200 g Magerquark
100 g Crème fraîche
Saft von ½ Limette
1 TL Agavendicksaft
Salz
schwarzer Pfeffer aus der Mühle

vegetarisch, frei von raffiniertem Zucker

GUT VORZUBEREITEN

1 Für die Puffer die **Zucchini** schälen, fein reiben und die Raspel leicht ausdrücken. **Mais** in einem Sieb abtropfen lassen. * **Schnittlauch** waschen, trocken schütteln und in feine Röllchen schneiden. **Mehl** mit **Backpulver** und **Salz** mischen. In einer zweiten Schüssel **Kräuterfrischkäse, Buttermilch** und **Eier** miteinander verrühren. Die Mehlmischung dazugeben und kurz unterrühren. Zucchini, Mais und Schnittlauch unterheben und den Pufferteig mit **Pfeffer** und **Limettensaft** würzen. 2 Für den Kräuterdip die **Kräuter** abbrausen, trocken schütteln und die Blätter hacken beziehungsweise den Schnittlauch in Röllchen schneiden. **Magerquark** und **Crème fraîche** mit Kräutern, **Limettensaft** und **Agavendicksaft** verrühren. Mit **Salz** und **Pfeffer** abschmecken. 3 Den Backofen auf 70 °C Ober-/Unterhitze vorheizen. 4 Etwas vom **Butterschmalz** in einer großen Pfanne erhitzen und je drei Puffer auf einmal (pro Stück etwa 2 EL Teig) von beiden Seiten bei mittlerer Hitze jeweils 2–3 Minuten unter einmaligem Wenden goldbraun braten. Die bereits fertigen Puffer im Ofen warm halten und so fortfahren, bis der gesamte Teig aufgebraucht ist. 5 Die Puffer auf Teller verteilen und mit dem Kräuterdip servieren.

PIMPEN, TOPPEN, VARIIEREN

* Beim Gemüse lässt sich wunderbar variieren: Statt Zucchini können Karotten oder Kürbis verwendet werden, statt Mais klein gewürfelte Paprika oder Erbsen.

PENNE MIT
Erbsen-Walnuss-Pesto

„Einige meiner Kinder haben das Anti-Grün-Gen: Sie mögen absolut kein grünes Gemüse. Die bekommen dann einfach ein Stück Butter zur Pasta. Denn dieses Pesto ist einfach zu gut. Da muss Mama auch mal an sich denken ...“

Zubereitungszeit 20 Minuten

Für 4 Personen

60 g Walnusskerne
300 g TK-Erbsen
3 Stängel Petersilie
3 Stängel Basilikum
1 Knoblauchzehe
50 g Schwarzwälder Schinken (Bioprodukt; nach Belieben)
Salz
400 g Penne
1 Frühlingszwiebel
50 g Pecorino
1–2 EL Zitronensaft
1 TL abgeriebene Biozitronenschale
75 ml Olivenöl
schwarzer Pfeffer aus der Mühle

laktosefrei, frei von raffiniertem Zucker

RATZFATZ GEMÜSEVERSTECK

1 Den Backofen auf 180 °C Umluft vorheizen. Ein Backblech mit Backpapier auslegen. **2** **Walnüsse** in einer Pfanne ohne Fettzugabe unter gelegentlichem Wenden rösten, bis sie aromatisch duften. * **3** Inzwischen **TK-Erbsen** in kochendem Wasser nach Packungsanweisung garen, dann in ein Sieb abgießen und kalt abschrecken. **Kräuter** abbrausen und trocken schütteln. **Knoblauchzehe** schälen und grob hacken. **4** Falls verwendet, den **Schinken** in dünne Streifen schneiden, nebeneinander auf dem vorbereiteten Blech verteilen und im vorgeheizten Ofen etwa 10 Minuten knusprig rösten. **5** **Salzwasser** in einem Topf zum Kochen bringen und die **Penne** darin nach Packungsanweisung al dente garen. **6** Währenddessen die **Frühlingszwiebel** putzen, waschen und in feine Ringe schneiden. **Pecorino** reiben und etwa 2 EL zum Garnieren beiseitestellen. ** Walnüsse, Erbsen, Kräuter, Knoblauch, 1 EL **Zitronensaft, Zitronenschale,** Pecorino und **Öl** im Standmixer oder mit dem Stabmixer zu einem cremigen Pesto mixen. Mit **Salz, Pfeffer** und **Zitronensaft** abschmecken. *** **7** Die Nudeln in ein Sieb abgießen, dabei eine kleine Kelle Kochwasser auffangen und dieses kurz unter das Pesto mixen. Die Nudeln zurück in den Topf geben und das Pesto untermengen. Auf vier tiefe Teller verteilen und mit Frühlingszwiebeln, beiseitegestelltem Pecorino und geröstetem Schinken garniert servieren.

PIMPEN, TOPPEN, VARIIEREN

* Nach Belieben davon 1 EL grob hacken und zum Dekorieren beiseitelegen.

** Alternativ kann natürlich Parmesan verwendet werden.

*** Wer mag, kann vor dem Pürieren 50 g Erbsen beiseitestellen und beim Servieren unter die Pasta mengen.

Kraftmacher-
nudeln

Kartoffelparty

Bunter
KARTOFFELSALAT

„Kein Salat hat mehr Varianten, glaube ich. Diese hier ist einfach nur köstlich!“

Zubereitungszeit ca. 30 Minuten plus mind. 20 Minuten Ruhezeit (ohne Brühe)

Für 4 Personen

500 g Drillinge (sehr kleine Kartoffeln)
Salz
½ Salatgurke
6 Radieschen
80 g eingelegte gegrillte Paprika aus dem Glas
80 g Mais aus der Dose
2 Gewürzgurken
½ Bund Schnittlauch
2 Frühlingszwiebeln
100 ml Gemüsebrühe (siehe Seite 72; alternativ Fertigprodukt)
1 EL Apfelessig (alternativ Kräuteressig)
2 EL Rapsöl
1 TL Agavendicksaft
1 TL mittelscharfer Senf
schwarzer Pfeffer aus der Mühle

vegan, laktosefrei, glutenfrei

Tipp Dazu passen Schnitzel (siehe Seite 76) oder gekochte Eier.

1 **Kartoffeln** gründlich waschen und ungeschält in reichlich **Salzwasser** etwa 20 Minuten weich garen. Abgießen, abkühlen lassen, längs vierteln und in eine Schüssel geben.* 2 Inzwischen **Gurke** waschen oder schälen, längs vierteln und in dünne Scheiben schneiden. **Radieschen** waschen, putzen und fein würfeln. **Paprika** abtropfen lassen und in feine Streifen schneiden. **Mais** abtropfen lassen, **Gewürzgurken** fein würfeln. **Schnittlauch** abbrausen, trocken schütteln, in Röllchen schneiden und alles zu den Kartoffeln in die Schüssel geben.** 3 **Frühlingszwiebeln** waschen, putzen, in feine Scheiben schneiden und in einen kleinen Topf geben. **Brühe** und **Apfelessig** zugießen und 3 Minuten köcheln lassen. Vom Herd nehmen, **Öl, Agavendicksaft** und **Senf** unterrühren. Das Dressing mit **Salz** und **Pfeffer** abschmecken, dann vorsichtig unter den Kartoffelsalat mischen und mindestens 20 Minuten ziehen lassen. 4 Den Kartoffelsalat mit **Salz** und **Pfeffer** abschmecken, auf vier Teller verteilen und genießen.

PIMPEN, TOPPEN, VARIIEREN

* Wer mag, kann die Kartoffeln vorher pellen.

** Der Salat kann nach Belieben durch weitere Zutaten ergänzt werden, zum Beispiel durch Rucola, Babyspinat, Petersilie, blanchierte grüne Bohnen oder Kirschtomaten.

GUT VORZUBEREITEN

RATZFATZ

NUDELSUPPE MIT KAROTTEN- UND ZUCCHINIRASPELN

Zubereitungszeit ca. 20 Minuten (ohne Brühe)

Für 4 Personen

1 kleine Karotte (70 g)
70 g Zucchini
1 rote oder gelbe Paprikaschote (nach Belieben)
1 Stange Staudensellerie (nach Belieben)
1,25 l Gemüsebrühe (siehe unten; alternativ Fertigprodukt)
100 g Buchstabennudeln
100 g TK-Erbsen
80 g Biokassler in dünnen Scheiben (nach Belieben)
4 Stängel Petersilie (nach Belieben)

laktosefrei, frei von raffiniertem Zucker

1 **Karotte** und **Zucchini** schälen und fein raspeln. **Paprikaschote,** falls verwendet, waschen, entkernen und in sehr feine Würfel schneiden. **Staudensellerie,** falls verwendet, waschen, putzen und ebenfalls fein würfeln. 2 Inzwischen die **Gemüsebrühe** in einem Topf zum Kochen bringen. Die **Buchstabennudeln** darin nach Packungsangaben garen. * Etwa 3 Minuten vor Ende der Garzeit das vorbereitete Gemüse mit den **Erbsen** hinzugeben und mitköcheln lassen. Währenddessen den **Kassler,** falls verwendet, in dünne Streifen schneiden. **Petersilie** abbrausen, trocken schütteln und die Blätter abzupfen. 3 Die Nudelsuppe in vier tiefe Teller oder Schalen füllen, mit Kassler und Petersilie toppen und servieren.

PIMPEN, TOPPEN, VARIIEREN

* Buchstabennudeln nicht vorrätig? Natürlich können alle anderen Suppennudeln verwendet werden.

SELBST GEMACHTE GEMÜSEBRÜHE

Zubereitungszeit 20 Minuten plus ca. 60 Minuten Garzeit

Ergibt ca. 2,5 l

3 Karotten
2 Stangen Staudensellerie
1 kleiner Knollensellerie
2 Lauchstangen
1 Fenchelknolle
1 große Petersilienwurzel
1 Bund Suppenkräuter
2 Zwiebeln
Salz
1 TL zerstoßene schwarze Pfefferkörner
1 Lorbeerblatt
schwarzer Pfeffer aus der Mühle

vegan, laktosefrei, glutenfrei, frei von raffiniertem Zucker

1 **Karotten, Staudensellerie, Knollensellerie, Lauch, Fenchel** und **Petersilienwurzel** gründlich waschen, putzen und ungeschält klein schneiden. **Suppenkräuter** abbrausen. **Zwiebeln** ungeschält halbieren und mit den Schnittflächen nach unten in einem großen Topf braun anbraten. 2 Etwa 2,5 l Wasser angießen und alle anderen vorbereiteten Zutaten mit 1 EL **Salz, Pfefferkörnern** und **Lorbeerblatt** hinzufügen. Zum Kochen bringen und etwa 60 Minuten abgedeckt köcheln lassen. 3 Die Brühe durch ein feines Sieb abseihen und mit **Salz** und **Pfeffer** abschmecken. In saubere Schraubgläser füllen (oder portionsweise einfrieren). Siebrückstände entsorgen.

„Ihr wisst: Ich liebe Suppen.“

Risi-Bisi-
Liebe

RISI-BISI

„Fun Fact: Risi-Bisi klingt zwar wie ein Fantasiename, kommt aber ursprünglich aus Venedig und wurde dort einmal im Jahr den adligen Stadtoberhäuptern serviert. Also: ein wahrhaft königlicher Genuss!“

Zubereitungszeit ca. 40 Minuten (ohne Brühe)

Für 4 Personen

- 750 ml Gemüsebrühe (siehe Seite 72; alternativ Fertigprodukt)
- 1 kleine Zwiebel
- 1 Knoblauchzehe
- 1 EL Butter
- 1 EL Olivenöl
- 50 g Biospeckwürfel (nach Belieben)
- 250 g Risottoreis
- Saft von 1 kleinen Biozitrone
- 200 g TK-Erbsen
- 40 g Parmesan
- Salz
- schwarzer Pfeffer aus der Mühle
- 1–2 TL Biozitronenschale
- 5 Stängel glatte Petersilie

glutenfrei, frei von raffiniertem Zucker

FÜR GÄSTE

1 **Gemüsebrühe** aufkochen, dann bei niedriger Hitze warm halten. Inzwischen **Zwiebel** und **Knoblauchzehe** schälen, fein hacken, mit **Butter** und **Öl** in einen zweiten Topf geben und erhitzen, **Speckwürfel,** falls verwendet, einrühren und 3–4 Minuten anbraten. 2 **Risottoreis** zur Zwiebelmischung geben und 2–3 Minuten unter Rühren mitbraten. Mit **Zitronensaft** ablöschen, dann eine große Kelle heiße Gemüsebrühe zugießen. Sobald der Reis die gesamte Flüssigkeit aufgesogen hat, wieder eine Kelle Gemüsebrühe einrühren. So fortfahren, bis der Reis weich, aber noch bissfest ist. Das dauert etwa 30 Minuten. Dabei den Reis immer wieder umrühren, damit er nicht anbrennt. 3 Etwa 5 Minuten vor Ende der Garzeit **Erbsen** zugeben und mitgaren. * **Parmesan** fein reiben und die Hälfte davon unterrühren. Mit **Salz, Pfeffer** und **Zitronenschale** abschmecken, Herdplatte ausschalten, den Deckel auflegen und kurz ziehen lassen. 4 Inzwischen **Petersilie** abbrausen, trocken schütteln und die Blätter hacken, dann unter den Reis rühren. Das Risi-Bisi auf vier Teller verteilen, mit dem restlichen Parmesan bestreuen und mit **Pfeffer** bestreut servieren.

PIMPEN, TOPPEN, VARIIEREN

* Statt Erbsen schmeckt auch grüner Spargel besonders lecker. Den Spargel putzen, 3–5 Minuten in kochendem Salzwasser blanchieren, dann kalt abschrecken, in kleine Stücke schneiden und ebenfalls kurz vor Ende der Garzeit unter den Reis rühren.

SCHNITZEL MIT
Kartoffel-Gemüse-Püree

„Wir essen zwar nur sehr selten Fleisch, ab und zu ein Schnitzel ist aber ein Muss. Das Fleisch kaufen wir immer beim Bauern um die Ecke. Da wissen wir wirklich, wo es herkommt."

Zubereitungszeit ca. 50 Minuten

Für 4 Personen

Für das Püree
4–5 mehligkochende Kartoffeln (insgesamt 400 g)
2 kleine Karotten (insgesamt 150 g)
100 g Süßkartoffel
150 g Knollensellerie
Salz
100 ml Milch (3,5 % Fett)
30 g Butter
2 Prisen frisch geriebene Muskatnuss

Für die Schnitzel
4 Biokalbsschnitzel (à 150 g)
Salz
2 Bioeier (Größe M)
schwarzer Pfeffer aus der Mühle
¼ TL edelsüßes Paprikapulver
60 g Dinkelmehl (Type 630)
80 g Semmelbrösel
150–200 g Butterschmalz
1 Biozitrone

frei von raffiniertem Zucker

GEMÜSEVERSTECK

1 Für das Püree **Kartoffeln** schälen und etwa 2 cm groß würfeln. **Karotten, Süßkartoffel** und **Sellerie** ebenfalls schälen und maximal 1 cm groß würfeln. * Alle vorbereiteten Zutaten in einen Topf geben, knapp mit Wasser bedecken, **salzen,** aufkochen und bei niedriger bis mittlerer Hitze 25–30 Minuten sehr weich garen. **2** Inzwischen die **Schnitzel** zwischen zwei Lagen Frischhaltefolie mit einem Fleischklopfer dünn plattieren. Mit **Salz** würzen. **Eier** in einem tiefen Teller mit etwas **Salz, Pfeffer** und **Paprikapulver** gut verquirlen. In einen zweiten Teller das **Mehl** und in einen dritten die **Semmelbrösel** geben. Schnitzel zunächst im Mehl wenden, dann durch die Eier ziehen und schließlich in den Semmelbröseln panieren. **3** **Milch** mit **Butter** in einem kleinen Topf erhitzen, aber nicht aufkochen. Kartoffelmischung abgießen, kurz ausdampfen lassen, dann durch die Kartoffelpresse in einen Topf drücken. Nach und nach die heiße Milch-Butter-Mischung in das Püree rühren, bis die gewünschte Konsistenz erreicht ist. Mit **Salz** und **Muskat** abschmecken und warm halten. **4** **Butterschmalz** in einer Pfanne erhitzen, sodass diese etwa 1 cm hoch gefüllt ist und die Schnitzel darin schwimmend ausgebacken werden können. Panierte Schnitzel portionsweise im heißen Schmalz von beiden Seiten jeweils etwa 2 Minuten goldbraun braten. Dabei die Pfanne öfter schwenken. Inzwischen **Zitrone** heiß waschen, trocken tupfen und in dünne Spalten schneiden. **5** Die Schnitzel mit dem Kartoffel-Gemüse-Püree auf vier Tellern anrichten und mit Zitronenschnitzen servieren.

PIMPEN, TOPPEN, VARIIEREN

* Beim Gemüse kann nach Belieben variiert werden, beispielsweise passen auch Blumenkohl, Pastinaken oder Kohlrabi.

Schnitzel mit Matschepampe

Tipp Zum Pürieren nicht den Stabmixer verwenden, da das Püree sonst schleimig-zäh werden könnte. Alternativ zur Presse einen Kartoffelstampfer nehmen, dann wird das Ergebnis allerdings nicht so fein. Oder man kocht Kartoffeln und Gemüse getrennt voneinander, mixt das Gemüse mit dem Stabmixer und hebt es dann unter das Kartoffelpüree.

Eier italiano

PILZ-OMELETT

mit Tomate und Mozzarella

„Auch dieses Gericht ist für mich Kindheitserinnerung pur …“

Zubereitungszeit ca. 20 Minuten plus ca. 24 Minuten Garzeit

Für 4 Personen

Für die Omeletts
200 g große Champignons
8 Bioeier (Größe M)
Salz
schwarzer Pfeffer aus der Mühle
100 g Kirschtomaten
80 g Büffelmozzarella
4 EL Rapsöl
½ TL getrockneter Thymian
2 EL grünes Pesto
Für den Rucolasalat
60 g Rucola
1 EL weißer Balsamico-Essig
3 EL Olivenöl
1 TL Agavendicksaft
Salz
schwarzer Pfeffer aus der Mühle

vegetarisch, glutenfrei, frei von raffiniertem Zucker

FÜR GÄSTE
GEMÜSEVERSTECK

1 Für die Omeletts **Champignons** putzen und in möglichst dünne Scheiben schneiden. **Eier** gut verquirlen und mit **Salz** und **Pfeffer** würzen. **Kirschtomaten** waschen und in dünne Scheiben schneiden. **Mozzarella** klein schneiden.* 2 Den Backofen auf 70 °C Ober-/Unterhitze vorheizen. 3 In einer großen beschichteten Pfanne 2 EL **Rapsöl** erhitzen. Die Hälfte der Champignonscheiben nebeneinander hineinlegen (der Pfannenboden sollte komplett bedeckt sein). Die Pilze mit etwas **Salz** und **Thymian** würzen und etwa 3 Minuten bei mittlerer Hitze anbraten. 4 Die Hälfte der Eiermasse daraufgießen und etwa 6 Minuten stocken lassen, dabei nicht umrühren. 5 Die Hälfte der Tomatenscheiben, die Hälfte vom Mozzarella und die Hälfte vom **Pesto** in kleinen Klecksen auf einer Omeletthälfte verteilen.** Mit **Salz** und **Pfeffer** würzen. Das Omelett vorsichtig umklappen und auf der ausgeschalteten Herdplatte noch etwa 3 Minuten nachgaren lassen. 6 Das Omelett auf einen Teller geben und im vorgeheizten Ofen warm halten. Auf die gleiche Weise ein zweites Omelett zubereiten.*** 7 In der Zwischenzeit für den Rucolasalat den **Rucola** waschen, trocken schleudern und in eine Schüssel geben. **Balsamico-Essig** mit **Olivenöl, Agavendicksaft** und 1–2 TL Wasser verrühren, mit **Salz** und **Pfeffer** würzen, über den Rucola träufeln und vermengen. 8 Beide Omeletts halbieren, auf vier Teller verteilen und den Rucolasalat daneben anrichten.

*

PIMPEN, TOPPEN, VARIIEREN
* Statt Mozzarella passt auch Feta oder Ricotta wunderbar.
** Anstelle von grünem Pesto kann auch Pesto rosso oder Pesto alla Calabrese verwendet werden.
*** Wer das Gericht noch etwas pimpen möchte, kann die Omeletts zusätzlich mit gerösteten Pinienkernen, getrockneten Tomaten, Oliven oder Basilikum füllen.

SPAGHETTI MIT
Express-Gemüsebolo

„Ich habe genau zwei Bolo-Rezepte, die ich liebe. Die eine Bolo köchelt 5 Stunden, die andere geht ratzfatz. Dreimal dürft ihr raten, welche ich öfter koche … Megalecker sind natürlich beide!“

Zubereitungszeit ca. 30 Minuten
(ohne Brühe)

Für 4 Personen

1 Zwiebel
2 Karotten
1 kleine Pastinake
100 g Zucchini
2 EL Olivenöl
400 g Biorinderhackfleisch
Salz
3 EL Tomatenmark
1 EL Balsamico-Essig
1 EL Agavendicksaft
400 g stückige Tomaten aus der Dose
250 g passierte Tomaten
100 ml Gemüsebrühe (siehe Seite 72; alternativ Fertigprodukt)
schwarzer Pfeffer aus der Mühle
1 ½ TL getrockneter Oregano
1 TL getrockneter Thymian
1 Handvoll Basilikumblätter
400 g Spaghetti

laktosefrei, frei von raffiniertem Zucker

GEMÜSEVERSTECK GEBURTSTAG

1 **Zwiebel** schälen und fein würfeln. **Karotten, Pastinake** und **Zucchini** schälen und fein reiben. **Olivenöl** in einem Topf erhitzen und das **Hackfleisch** darin bei starker Hitze krümelig braten. **Salzen.** * Zwiebeln und Gemüseraspel zugeben, leicht **salzen** und 3–4 Minuten bei mittlerer Hitze mitbraten. 2 **Tomatenmark** einrühren und kurz anrösten, dann **Balsamico-Essig** und **Agavendicksaft** einrühren. **Stückige** und **passierte Tomaten** sowie **Gemüsebrühe** dazugeben, mit ½ TL **Salz,** zwei Prisen **Pfeffer, Oregano** und **Thymian** vermengen und aufkochen. Etwa 15 Minuten köcheln lassen. Mit **Salz** und **Pfeffer** abschmecken. 3 Inzwischen die **Basilikumblätter** abbrausen und trocken tupfen. Reichlich **Salzwasser** in einem zweiten Topf aufkochen und die **Spaghetti** darin nach Packungsanweisung al dente garen. In ein Sieb abgießen und auf vier tiefe Teller verteilen, mit der Bolognese-Sauce toppen und mit Basilikum garniert servieren.

PIMPEN, TOPPEN, VARIIEREN

* Natürlich kann statt Rinderhackfleisch auch Sojageschnetzeltes oder eine andere vegetarische Alternative verwendet werden.

Tipp Zucchini kann man auch ungeschält lassen, aber geschält lässt sich das Gemüse besser verstecken.

Knusperfisch
mit Reis

PANKO-FISCH-NUGGETS
mit Blumenkohlreis

„Alternativ könnt ihr Cornflakes zerkrümeln. Aber Panko wird wirklich schön knusprig!“

Zubereitungszeit ca. 40 Minuten

Für 4 Personen

Für die Fisch-Nuggets
600 g frische Kabeljaufilets
Salz
2 Bioeier (Größe M)
60 g Dinkelmehl (Type 630)
100 g Panko (Paniermehl)
6–8 EL Rapsöl
1 Biozitrone
Für den Blumenkohlreis
½ Blumenkohl (ca. 650 g)
1 Schalotte
2 EL Kokosöl
Saft von ½ Limette
Salz
schwarzer Pfeffer aus der Mühle

laktosefrei, frei von raffiniertem Zucker

Tipp Dazu passen Gurkensalat (siehe Seite 43) und selbst gemachte Mayo (siehe Seite 96).

GEMÜSEVERSTECK

1 Für die Fisch-Nuggets die **Kabeljaufilets** abbrausen, trocken tupfen, in etwa 3 × 5 cm große Stücke schneiden und **salzen. Eier** in einem tiefen Teller gut verquirlen und ebenfalls leicht **salzen.** In einen zweiten tiefen Teller das **Mehl** und in einen dritten Teller das **Panko** geben. Die Fischstücke zunächst im Mehl wenden, überschüssiges Mehl abschütteln. Dann durch das verquirlte Ei ziehen, leicht abtropfen lassen und schließlich im Panko wälzen. 2 Für den Blumenkohlreis den **Blumenkohl** waschen, putzen und in Röschen teilen, grobe Strünke entfernen. Dann die Röschen (eventuell portionsweise) im Standmixer oder Blitzhacker zu Reiskorngröße zerkleinern (alternativ eine Küchenreibe verwenden). 3 **Schalotte** schälen und fein hacken. **Kokosöl** in einer großen Pfanne oder einem Wok erhitzen und die Schalotte darin 2–3 Minuten anschwitzen. Blumenkohlreis hinzufügen und unter häufigem Rühren 10–15 Minuten bei mittlerer Hitze braten. Mit **Limettensaft, Salz** und **Pfeffer** abschmecken und warm halten.* 4 Inzwischen den Backofen auf 70 °C Ober-/Unterhitze vorheizen. 5 In einer zweiten großen Pfanne 2 EL **Rapsöl** (pro Bratvorgang) erhitzen. Die Fisch-Nuggets darin portionsweise (in drei bis vier Durchgängen) bei mittlerer Hitze insgesamt 6–8 Minuten rundum goldbraun und knusprig braten. Fertige Fisch-Nuggets im vorgeheizten Ofen warm halten. 6 **Zitrone** waschen und vierteln. Fisch-Nuggets mit Blumenkohlreis und je einem Zitronenviertel auf vier Tellern anrichten und sofort servieren.**

PIMPEN, TOPPEN, VARIIEREN

* Wer mag, mischt noch gehackte Kräuter und/oder Erbsen unter den Blumenkohlreis.

** Statt Blumenkohlreis schmeckt natürlich auch herkömmlicher Langkorn- oder Basmatireis.

KAROTTEN-KOKOS-SUPPE

mit gerösteten Mandeln

„Im Herbst und Winter könnte es jeden Tag eine warme Suppe geben. Denn nichts wärmt Körper und Seele besser. Mein Leibgericht!“

Zubereitungszeit 20 Minuten plus ca. 25 Minuten Garzeit (ohne Brühe)

Für 4 Personen

700 g Karotten
1 Zwiebel
1 Knoblauchzehe
2 EL Kokosöl
Saft von 1 Limette
850 ml Gemüsebrühe (siehe Seite 72; alternativ Fertigprodukt)
40 g Mandelstifte
200 ml Kokosmilch plus etwas zum Beträufeln
½ TL Currypulver
¼ TL gemahlener Kreuzkümmel
1 Prise gemahlener Zimt
Salz
schwarzer Pfeffer aus der Mühle

vegan, laktosefrei, glutenfrei, frei von raffiniertem Zucker

Tipp Besonders lecker zur Suppe schmeckt frisches Naan-Brot.

FÜR GÄSTE

1 **Karotten** schälen und klein schneiden. **Zwiebel** und **Knoblauchzehe** schälen und fein würfeln. 2 **Kokosöl** in einem Topf erhitzen. Zwiebel und Knoblauch darin 2–3 Minuten bei niedriger bis mittlerer Hitze anschwitzen.* Karotten dazugeben und 5 Minuten mitbraten. Mit **Limettensaft** ablöschen, **Brühe** zugießen, aufkochen und etwa 25 Minuten köcheln lassen, bis die Karotten weich sind. 3 Inzwischen die **Mandelstifte** in einer Pfanne ohne Fett goldbraun rösten. 4 Den Topf vom Herd nehmen, **Kokosmilch** und **Gewürze** einrühren und mit dem Stabmixer fein mixen. Die Suppe nach Belieben zusätzlich durch ein feines Sieb streichen und mit **Salz** und **Pfeffer** kräftig abschmecken. 5 In vier tiefe Teller oder Schalen füllen, mit etwas **Kokosmilch** spiralförmig beträufeln und mit gerösteten Mandeln bestreut servieren.

PIMPEN, TOPPEN, VARIIEREN

* Wer es gern scharf mag, kann außerdem etwas fein geriebenen Ingwer in die Suppe geben.

Zaubersuppe mandorla

Drachensuppe
mit großem
Geheimnis

CREMIGE PAPRIKA-LINSEN-SUPPE

mit karamellisierten Zwiebeln

„Der Clou sind die karamellisierten Zwiebeln. Give it a try! Ich glaube, mein Papa hat früher echt alles karamellisiert …"

Zubereitungszeit ca. 20 Minuten plus ca. 25 Minuten Garzeit (ohne Brühe)

Für 4 Personen

Für die Suppe
1 rote Zwiebel
1 Knoblauchzehe
3 große rote Paprikaschoten
1 EL Rapsöl
1–1 ½ TL milde gelbe Currypaste
200 g rote Linsen
1 l Gemüsebrühe (siehe Seite 72; alternativ Fertigprodukt)
Saft von ½ Limette
Salz
schwarzer Pfeffer aus der Mühle
1 Msp. gemahlener Kreuzkümmel

Für die karamellisierten Zwiebeln
2 rote Zwiebeln
1 EL Butterschmalz
1 EL flüssiger Honig
Salz
schwarzer Pfeffer aus der Mühle
1 Msp. Currypulver

vegetarisch, laktosefrei, glutenfrei, frei von raffiniertem Zucker

FÜR GÄSTE

1 Für die Suppe **Zwiebel** und **Knoblauchzehe** schälen und klein würfeln. **Paprikaschoten** waschen, nach Belieben schälen, dann halbieren, entkernen und klein schneiden. 2 **Öl** in einem Topf erhitzen. Zwiebeln und Knoblauch darin 2–3 Minuten anschwitzen. Die **Currypaste** dazugeben und kurz mit anrösten. Paprikawürfel hinzufügen und etwa 5 Minuten anbraten. 3 Inzwischen die **Linsen** in ein Sieb geben, mit kaltem Wasser abbrausen und gut abtropfen lassen. In den Topf geben und kurz anrösten. **Gemüsebrühe** angießen, aufkochen und die Linsen etwa 25 Minuten offen bei mittlerer Hitze sehr weich köcheln lassen, bis sie zerfallen. 4 Inzwischen für die karamellisierten Zwiebeln die **Zwiebeln** schälen, halbieren und in feine Scheiben schneiden. **Butterschmalz** in einer Pfanne erhitzen und die Zwiebeln darin bei mittlerer Hitze 5–10 Minuten unter gelegentlichem Rühren anbraten. **Honig** darüberträufeln und Zwiebeln kurz karamellisieren lassen. Mit **Salz, Pfeffer** und **Currypulver** würzen.* 5 Die Linsen-Paprika-Mischung mit dem Stabmixer fein mixen, **Limettensaft** einrühren und mit **Salz, Pfeffer** und **Kreuzkümmel** abschmecken. Die Suppe in vier tiefe Teller oder Schalen füllen, mit den karamellisierten Zwiebeln toppen und genießen.**

PIMPEN, TOPPEN, VARIIEREN

* Für eine vegane Variante das Butterschmalz durch Rapsöl und den Honig durch Agavendicksaft ersetzen.

** Wer die Suppe lieber milder mag, rührt noch etwas Kokosmilch unter. Für mehr Schärfe etwas gehackten Ingwer oder getrocknete Chili mit anbraten.

MIX 'N' MATCH:

Für alle etwas dabei!

„Bei Sonderwünschen kann ich immer schwer Nein sagen. Aber wenn man mal nicht ewig zwischen Tisch und Küche pendeln will, um es jedem recht zu machen, empfehle ich diese Rezepte. Da steht alles auf dem Tisch und jeder nimmt sich, was und so viel er will. Für mich ist das wie Kurzurlaub."

Lustige Wunschrolle

Tipp Weitere Ideen für eine Füllung: gebratene Garnelen und grünes Pesto, knackiger Salat und Chili con oder sin Carne, gebratene Hähnchenstreifen und Mangowürfel und, und, und.

WRAP IT!

„Schnell und lecker, knackig und so gesund: WRAPS!“

RÜHREI-AVOCADO-WRAP

Zubereitungszeit ca. 20 Minuten (ohne Sour Cream)

Ergibt 4 Wraps

Für das Rührei
6 Bioeier (Größe M)
Salz
schwarzer Pfeffer aus der Mühle
4 EL Milch (3,5 % Fett)
1 EL Butterschmalz
6 Stängel Petersilie
Für Belag und Wrap
2 EL Pinienkerne
60 g getrocknete Tomaten
40 g entsteinte schwarze oder grüne Oliven (nach Belieben)
2 Avocados
4 Tortilla-Wraps
4 EL Sour Cream (siehe Seite 97)
4 Scheiben Schwarzwälder Schinken (Bioprodukt; nach Belieben)

frei von raffiniertem Zucker

1 Für das Rührei die **Eier** mit **Salz, Pfeffer** und **Milch** gut verquirlen. **Butterschmalz** in einer großen Pfanne erhitzen, die Eiermasse hineingießen und zu cremigem Rührei braten. Inzwischen **Petersilie** abbrausen, trocken schütteln, die Blätter hacken und unter das Rührei mischen. Warm halten. 2 Parallel dazu für den Belag die **Pinienkerne** in einer kleinen Pfanne ohne Fett goldbraun rösten. 3 **Tomaten** würfeln, **Oliven,** falls verwendet, in Ringe schneiden. **Avocados** halbieren, entkernen, das Fruchtfleisch auslösen und klein schneiden. 4 Die **Wraps** nach Packungsanweisung erwärmen, dann mit je 1 EL **Sour Cream** bestreichen und nach Belieben mit **Schinken** belegen.* Das Rührei mittig als Streifen auf die Wraps geben. Tomaten, Oliven, Avocados und Pinienkerne daneben anrichten. Obere und untere Seiten über die Füllung klappen, dann von der Seite her fest aufrollen und schräg halbieren.

PIMPEN, TOPPEN, VARIIEREN

* Statt Schinken schmeckt auch zerkrümelter gebratener Räuchertofu oder Feta sehr gut.

MAKRELEN-GURKENCREME-WRAP

Zubereitungszeit ca. 20 Minuten

Ergibt 4 Wraps

Für die Gurkencreme
½ kleinere Salatgurke (150 g)
1 EL Kapern aus dem Glas
4 Stängel Dill
150 g Schmand
1 TL Zitronensaft
1 TL Agavendicksaft
Salz
schwarzer Pfeffer aus der Mühle
Für Belag und Wrap
4 Blätter Romanasalat
200 g geräucherte Makrelenfilets
1 kleine gelbe Paprikaschote
2 kleine Frühlingszwiebeln
4 Tortilla-Wraps

frei von raffiniertem Zucker

1 Für die Gurkencreme die **Salatgurke** waschen, schälen, längs halbieren, entkernen und sehr fein würfeln. **Kapern** fein schneiden. **Dill** abbrausen, trocken tupfen und die Spitzen fein hacken. Gurken, Kapern und Dill in eine Schüssel geben, **Schmand, Zitronensaft, Agavendicksaft,** etwas **Salz** und **Pfeffer** hinzugeben und verrühren. 2 Für den Belag **Salat** waschen und trocken schütteln. **Makrele** zerzupfen. **Paprika** waschen, entkernen und in feine Streifen schneiden. **Frühlingszwiebeln** waschen, putzen und in feine Ringe schneiden. 3 Die **Wraps** nach Packungsanweisung erwärmen, dann mit der Gurkencreme bestreichen. Salat, Makrele, Paprika und Frühlingszwiebeln darauf verteilen. Obere und untere Seiten über die Füllung klappen, dann von der Seite her fest aufrollen und schräg halbieren.

GUT VORZUBEREITEN · KINDERLEICHT · RATZFATZ

IT'S BURGER TIME!

„Burger liebt wohl wirklich jeder! Mein Freund bekommt seinen übrigens mit einem Falafel-Patty – eine tolle Variante für Vegetarier."

Tipp Ebenfalls sehr lecker als Burger-Belag: gegrilltes Gemüse mit Feta oder gebratenem Halloumi oder Panko-Fisch-Nuggets (siehe Seite 83) mit Gurkencreme (siehe Seite 91). Und als Beilage Pastinaken-Pommes (siehe Seite 47).

IT'S BURGER TIME!

FÜR GÄSTE GEBURTSTAG

LIEBLINGSBURGER

Zubereitungszeit 15 Minuten (ohne Mayo, Ketchup, Dip, Buns und Pattys)

Ergibt 8 kleine Burger

Für den Belag
8 Blätter Miniromanasalat oder Eichblatt- oder Endiviensalat
1 Gewürzgurke
1 Minisalatgurke
1 rote Zwiebel
je 4–8 EL Homemade Ketchup und/oder Homemade Mayo (siehe Seite 96; alternativ Fertigprodukt) oder 8 EL Kräuterdip (siehe Seite 67) plus nach Belieben mehr zum Dippen

Für Pattys und Buns
8 Rindfleisch-Pattys oder Veggie-Pattys (siehe unten)
8 Burger-Buns (siehe Seite 95)

❶ Für den Belag **Salat** waschen und trocken schleudern. **Gewürzgurke** in Scheiben schneiden. **Salatgurke** waschen und in Scheiben schneiden. **Zwiebel** schälen und in Ringe schneiden. Alles getrennt in Schalen geben.* ❷ Für die Pattys **Rindfleisch-** oder **Veggie-Pattys** wie im Rezept angegeben zubereiten. ❸ Die **Buns** aufschneiden und die Schnittflächen nach Belieben rösten. ❹ Alle Komponenten auf Teller und in Schalen auf den Esstisch stellen: Buns, fertig gebratene Pattys, vorbereitete Salatzutaten sowie **Ketchup** und/oder **Mayo** oder **Kräuterdip.** Nun kann jeder die Buns nach Wahl bestreichen, belegen und genießen.**

PIMPEN, TOPPEN, VARIIEREN

* Wer keine rohen Zwiebeln mag, kann sie auch karamellisieren (siehe Seite 87).

** Die Burger können noch mit Tomatenscheiben oder Cheddar getoppt werden. Mit etwas Senf verrührt, bekommt die Mayo noch mehr Würze oder Schärfe.

VEGGIE-PATTYS

Zubereitungszeit 25 Minuten plus 15–20 Minuten Garzeit (ohne Brühe)

Ergibt 8 Pattys

200 g rote Linsen
400 ml Gemüsebrühe (siehe Seite 72; alternativ Fertigprodukt)
3 kleine Frühlingszwiebeln
2 Knoblauchzehen
1 Bioei (Größe L)
4 EL Semmelbrösel
2 EL Dinkelmehl (Type 630)
1 ½ TL Speisestärke
½ TL gemahlener Kreuzkümmel
½ TL gemahlene Kurkuma
1 TL edelsüßes Paprikapulver
½ TL Salz
schwarzer Pfeffer aus der Mühle
2 EL Rapsöl

vegetarisch, laktosefrei, frei von raffiniertem Zucker

❶ **Linsen** in einem Sieb abbrausen, in einen Topf geben und mit **Gemüsebrühe** bedecken. Aufkochen und abgedeckt 15–20 Minuten sehr weich garen, bis die Linsen vollständig zerfallen. Dabei öfter umrühren und bei Bedarf noch 1–2 EL Wasser zugießen. Vom Herd nehmen. ❷ **Frühlingszwiebeln** waschen, putzen und fein hacken. **Knoblauchzehen** schälen, zerdrücken und mit den Frühlingszwiebeln zu den Linsen geben. **Ei, Semmelbrösel, Mehl, Stärke** und **Gewürze** hinzufügen und gut vermengen. Mit **Salz** und etwas **Pfeffer** würzen. ❸ **Öl** in einer großen beschichteten Pfanne erhitzen, portionsweise je 2 EL Linsenteig hineingeben, vorsichtig rund formen, zusammenschieben (Ø etwa 9 cm und 1,5 cm hoch) und die Veggie-Pattys unter einmaligem Wenden von jeder Seite etwa 3 Minuten goldbraun braten.

RINDFLEISCH-PATTYS

Zubereitungszeit 15 Minuten

Ergibt 8 Pattys

1 kg Biorinderhackfleisch
1 ½ TL Salz
½ TL schwarzer Pfeffer aus der Mühle
1–2 EL Rapsöl

laktosefrei, glutenfrei, frei von raffiniertem Zucker

Hackfleisch mit **Salz** und **Pfeffer** mischen und zu acht runden Pattys (à 125 g) formen. **Öl** in einer Pfanne erhitzen und die Pattys darin portionsweise bei mittlerer bis starker Hitze von jeder Seite 3–4 Minuten braun braten.

GUT VORZUBEREITEN

BUNS FÜR BURGER UND HOTDOGS

Zubereitungszeit 30 Minuten plus ca. 3 Stunden Ruhezeit und 20–24 Minuten Backzeit

Ergibt 8 Buns

Für den Teig
30 g Butter
400 g Dinkelmehl (Type 630) plus etwas zum Bestäuben
25 g Dinkelvollkornmehl
1 gehäufter TL Salz
10 g frische Hefe
225 ml handwarme Milch (3,5 % Fett)
3 TL Agavendicksaft
1 Bioei (Größe M)
Für den Belag
1 Bioeigelb (Größe M)
Sesamsaat zum Bestreuen (nach Belieben)

vegetarisch, frei von raffiniertem Zucker

1 Für den Teig die **Butter** zerlassen. Beide **Mehle** mit **Salz** in die Rührschüssel der Küchenmaschine geben und mischen. **Hefe** in der **Milch** auflösen und mit flüssiger Butter, **Agavendicksaft** und **Ei** zum Mehl geben. Mit dem Knethaken zunächst auf niedriger, dann auf höherer Stufe 5–7 Minuten zu einem glatten Teig kneten. Mit Frischhaltefolie abdecken und etwa 2 ½ Stunden gehen lassen. 2 Ein Backblech mit Backpapier auslegen. Den Teig auf der leicht **bemehlten** Arbeitsfläche in acht Portionen (à 90–95 g) teilen. 3 Für Burger-Buns die Teigportionen rundwirken und zu etwa 1 cm dicken Kreisen flach drücken. 4 Für Hotdog-Buns die Teigkreise weiterverarbeiten: Seiten zur Mitte klappen, die Naht verschließen und behutsam länglich rollen. 5 Die Teiglinge mit etwas Abstand zueinander auf das vorbereitete Blech setzen, mit einem Küchentuch abdecken und etwa 30 Minuten gehen lassen. 6 Den Backofen auf 190 °C Ober-/Unterhitze vorheizen. 7 Für den Belag **Eigelb** mit 2 EL kaltem Wasser verquirlen, die Teiglinge damit bestreichen und nach Belieben mit **Sesam** bestreuen.* Im vorgeheizten Ofen 20–24 Minuten goldbraun backen. 8 Herausnehmen und auf einem Küchengitter auskühlen lassen.

Das Rezeptfoto der Hotdog-Buns findet ihr auf Seite 100.

*

PIMPEN, TOPPEN, VARIIEREN

* Wer mag, kann die Teiglinge auch mit einer Mischung aus hellem und schwarzem Sesam oder mit Mohnsaat bestreuen. Oder für Hotdogs einfach pur lassen.

HOMEMADE KETCHUP

Zubereitungszeit 20 Minuten plus ca. 15 Minuten Garzeit • Für 14 Portionen (à ca. 20 g)
vegan, laktosefrei, glutenfrei, frei von raffiniertem Zucker

50 g getrocknete Tomaten und **50 g getrocknete Aprikosen** würfeln. **1 Knoblauchzehe** und **½ rote Zwiebel** schälen und hacken. **1 EL Rapsöl** in einem kleinen Topf erhitzen, Knoblauch und Zwiebeln darin etwa 5 Minuten bei niedriger Hitze anschwitzen. Dann **150 g passierte Tomaten, 3 EL Apfelessig, 1 EL Agavendicksaft, ½ TL Salz, ¼ TL getrockneten Oregano** und 2 EL Wasser hinzugeben, aufkochen und etwa 15 Minuten offen köcheln lassen. Den Ketchup in einen hohen Mixbecher geben und mit dem Stabmixer glatt mixen, dabei bei Bedarf noch teelöffelweise Wasser zugeben. Abkühlen lassen.

HOMEMADE MAYO

Zubereitungszeit 8 Minuten • Für 10–12 Portionen (à ca. 20 g)
vegetarisch, glutenfrei, frei von raffiniertem Zucker

75 ml Milch (3,5 % Fett) mit **½ TL Senf** in einen hohen Mixbecher geben und mit dem Stabmixer schaumig aufmixen. * **1 EL Olivenöl** mit **135 ml Rapsöl** mischen und in einem dünnen Strahl zugießen. Dabei stetig weitermixen, bis die Mayo dickcremig ist. Das kann 1–2 Minuten dauern. **1 TL weißen Balsamico-Essig** und **1 TL Agavendicksaft** einarbeiten und die Mayo mit **Salz** und **schwarzem Pfeffer aus der Mühle** kräftig würzen.

PIMPEN, TOPPEN, VARIIEREN

* Für eine vegane Mayonnaise kann ungesüßter Mandel-, Hafer- oder Sojadrink verwendet werden.

ERDNUSSSAUCE

Zubereitungszeit 8 Minuten • Für 4 Personen
vegetarisch, laktosefrei

Saft von ½ Limette, 2 EL Erdnussmus, 2 EL Rapsöl, 2 EL Sesamöl, 1 ½ EL Teriyaki-Sauce, 1 ½ EL Sojasauce und **2 EL Honig** in einer Schüssel mit dem Schneebesen zu einer sämigen Sauce verrühren. **2 EL gesalzene geröstete Erdnusskerne** fein hacken und untermischen.

SOUR CREAM

Zubereitungszeit 8 Minuten • Für 4 Personen
vegetarisch, glutenfrei, frei von raffiniertem Zucker

100 g saure Sahne und **100 g Magerquark** in einer Schüssel cremig rühren. **1 Knoblauchzehe** schälen und durch die Presse drücken. **4 Schnittlauchhalme** waschen, trocken schütteln und in Röllchen schneiden. Beides mit **2 TL Zitronensaft, 2 TL Agavendicksaft, ¼ TL Salz** und **2 Prisen schwarzem Pfeffer aus der Mühle** unter die Creme rühren.

REIBEKUCHEN PLUS

Zubereitungszeit ca. 35 Minuten plus 10 Minuten Backzeit (ohne Chutney und Sour Cream)

Für 4 Personen (ergibt 12 Reibekuchen)

Für die Reibekuchen
1 kg vorwiegend festkochende Kartoffeln
1 Zwiebel
2 Bioeier (Größe M)
4 EL Dinkelmehl (Type 630)
¾ TL Salz
3 Prisen schwarzer Pfeffer aus der Mühle
1 Msp. edelsüßes Paprikapulver
1 Msp. frisch geriebene Muskatnuss
4–5 EL Butterschmalz zum Braten
Für das herzhafte Plus (nach Belieben)
500 g Kürbis-Chutney* (siehe unten) oder
200 g Räucherlachs in Scheiben mit
200 g Sour Cream** (siehe Seite 97)
Für das süße Plus (nach Belieben)
500 g ungesüßtes Apfelmus*** (siehe Seite 17) oder 4 EL Zucker gemischt mit 1 TL gemahlenem Zimt****

1 Für die Reibekuchen die **Kartoffeln** schälen und grob raspeln. In ein Küchentuch geben, die Tuchenden eindrehen und die Raspel gut ausdrücken, sodass sie möglichst trocken sind, dann in eine Schüssel geben. **Zwiebel** schälen, sehr fein würfeln und zu den Raspeln geben. **Eier, Mehl, Salz** und **Gewürze** zufügen und gründlich mischen. 2 Den Backofen auf 180 °C Umluft vorheizen, ein Backblech mit Backpapier auslegen. 3 1 ½ EL **Butterschmalz** auf mittlerer bis hoher Stufe in einer großen Pfanne erhitzen. Drei oder vier Portionen Kartoffelmasse in die Pfanne geben, flach drücken, zusammenschieben und von beiden Seiten jeweils 3–4 Minuten goldbraun backen. Auf Küchenpapier abtropfen lassen. Die restliche Kartoffelmasse auf die gleiche Weise zubereiten (es sollten zwölf Reibekuchen werden). Alle Reibekuchen auf das vorbereitete Blech geben, im vorgeheizten Ofen etwa 10 Minuten fertig garen und servieren. 4 Für das herzhafte und/oder süße Plus entweder eines der angegebenen Gerichte oder Zutaten wählen oder zwei oder mehr davon in Schalen oder auf Platten auftischen, dann die Mengen entsprechend reduzieren. So kann man individuelle Reibekuchen genießen.

* vegetarisch, frei von raffiniertem Zucker ** frei von raffiniertem Zucker
*** vegetarisch, laktosefrei, frei von raffiniertem Zucker **** vegetarisch, laktosefrei

KÜRBIS-CHUTNEY

Zubereitungszeit ca. 25 Minuten plus ca. 25 Minuten Garzeit

Für 4 Portionen (ergibt ca. 500 g)

500 g Butternutkürbis
1 Schalotte
1 Knoblauchzehe
1 EL Rapsöl
Salz
schwarzer Pfeffer aus der Mühle
3 EL Agavendicksaft
3 EL Apfelessig
1 EL Butter

vegetarisch, glutenfrei, frei von raffiniertem Zucker

Gemüseversteck
Für Gäste

1 **Kürbis** schälen, entkernen und möglichst klein würfeln. **Schalotte** und **Knoblauchzehe** schälen und fein hacken. Beides mit **Öl** in einen Topf geben und 5 Minuten anschwitzen. 2 Kürbiswürfel hinzugeben und 3 Minuten mitbraten, dann **salzen** und **pfeffern. Agavendicksaft** und **Essig** untermischen und kurz einkochen lassen. 3 100 ml Wasser zugießen, aufkochen und etwa 25 Minuten bei niedriger bis mittlerer Hitze unter gelegentlichem Rühren offen köcheln lassen, bis der Kürbis weich und die Flüssigkeit verdampft ist. 4 Zum Schluss **Butter** unterrühren und das Chutney mit **Salz** und **Pfeffer** abschmecken.*

PIMPEN, TOPPEN, VARIIEREN

* Wer mag, gibt mit dem Kürbis noch etwas fein gewürfelten Ingwer hinzu.

Verwunschene Taler

„Das Rezept ist von meiner Oma Elli und war ein streng gehütetes Familiengeheimnis. Jetzt nicht mehr …“

Tipp Ebenfalls lecker dazu: Bacon und Spiegelei oder gebratenes Fischfilet und Gurkensalat (zum Beispiel den auf Seite 43).

HOTDOGS

„Wenn wir mal länger nicht bei Ikea waren, müssen wir Hotdogs einfach selber machen."

Hotdogs
à la Nina

HOTDOGS

AMERICAN HOTDOGS

Zubereitungszeit ca. 15 Minuten (ohne Buns, Ketchup und Mayo)

Ergibt 8 Hotdogs

8 Biowürstchen
100 g Sauerkraut (Abtropfgewicht)
2 Gewürzgurken
8 Hotdog-Buns (siehe Seite 95)
4 EL Senf
4 EL Homemade Ketchup (siehe Seite 96; alternativ Fertigprodukt)
4 EL Homemade Mayo (siehe Seite 96; alternativ Fertigprodukt)

Würstchen in heißem Wasser erhitzen. **Sauerkraut** in einem kleinen Topf erhitzen. **Gewürzgurken** in dünne Scheiben schneiden. Die **Buns** auf-, aber nicht durchschneiden und die unteren Hälften mit **Senf** und **Ketchup,** die oberen Hälften mit **Mayo** bestreichen. Die Buns mit Gurken, Sauerkraut und Würstchen füllen und servieren. *

PIMPEN, TOPPEN, VARIIEREN

* Ebenfalls lecker statt Sauerkraut: Coleslaw. Wer mag, toppt die Hotdogs zusätzlich mit karamellisierten Zwiebeln (siehe Seite 87).

VEGGIE-HOTDOGS

Zubereitungszeit 5 Minuten (ohne Buns, Karottenwürstchen und Quickles)

Ergibt 8 Hotdogs

8 Hotdog-Buns (siehe Seite 95)
4 EL BBQ-Sauce zum Bestreichen (Fertigprodukt)
½ Glas Zucchini-Quickles, abgetropft (siehe Seite 103)
8 Karottenwürstchen (siehe Seite 103)
2 EL Röstzwiebeln zum Bestreuen (Fertigprodukt)

vegetarisch

Die **Buns** auf-, aber nicht durchschneiden und mit **BBQ-Sauce** bestreichen. Mit **Zucchini-Quickles** und **Karottenwürstchen** füllen und mit **Röstzwiebeln** bestreut servieren.

Tipp Wenn man Zucchini-Quickles und die Karottenmarinade schon am Vortag zubereitet, sind die Veggie-Hotdogs ratzfatz fertig.

ZUCCHINI-QUICKLES

Zubereitungszeit 10–15 Minuten plus 20 Minuten Marinierzeit und Abkühlzeit

Ergibt 1 Glas (ca. 400 ml, für 8 Portionen)

15 g Salz
1 Zucchini (ca. 250 g)
1 Schalotte
100 ml Apfelessig
60 g Agavendicksaft
schwarzer Pfeffer aus der Mühle

vegan, laktosefrei, glutenfrei, frei von raffiniertem Zucker

1 **Salz** in 3 EL kochend heißem Wasser unter Rühren auflösen. **Zucchini** waschen, quer halbieren und längs in dünne Streifen schneiden. **Schalotte** schälen und in Ringe schneiden. Zucchini und Schalotten mit 500 ml kaltem Wasser in eine Schüssel geben, **Salzwasser** untermischen und etwa 20 Minuten ziehen lassen. 2 **Apfelessig, Agavendicksaft** und 50 ml Wasser in einem kleinen Topf kurz köcheln lassen. Zucchini-Schalotten-Mischung in ein Sieb abgießen, zurück in die Schüssel geben und mit der heißen Essigmischung und zwei bis drei Prisen **Pfeffer** verrühren. Abkühlen lassen, die Zucchini-Quickles in ein Schraubglas füllen und kalt stellen.

KAROTTENWÜRSTCHEN

Zubereitungszeit ca. 15 Minuten plus ca. 10 Minuten Garzeit und mind. 30 Minuten Marinierzeit

Ergibt 8 Karottenwürstchen

8 Karotten (insgesamt 650 g)
1 EL Butter
Salz
1 Knoblauchzehe
2 EL Agavendicksaft
5 EL Sojasauce
½ TL geräuchertes Paprikapulver
schwarzer Pfeffer aus der Mühle
1 EL Rapsöl

vegetarisch, frei von raffiniertem Zucker

1 **Karotten** schälen und die Enden so zuschneiden, dass sie wie Würstchen aussehen. In einen weiten Topf geben, mit Wasser bedecken, **Butter** und etwas **Salz** zugeben, aufkochen und bei mittlerer Hitze etwa 10 Minuten garen. 2 Währenddessen **Knoblauchzehe** schälen und durch die Presse in eine Schüssel drücken. **Agavendicksaft, Sojasauce, Paprikapulver** und etwas **Pfeffer** hinzugeben und verrühren. 3 Karotten abgießen, in die Marinade geben und mindestens 30 Minuten unter mehrmaligem Wenden marinieren. Dann portionsweise in einer großen Pfanne im heißen **Rapsöl** rundum 2–3 Minuten anbraten.

PIZZETTE-
Variationen

„Ein Rezept mit fantasievollem Spielraum: Hier kann sich jeder kreativ austoben und seine eigene Pizzette belegen. Übrigens: super für Kindergeburtstage!“

Zubereitungszeit ca. 30 Minuten plus ca. 2 ½ Stunden Ruhezeit, ca. 30 Minuten Garzeit und ca. 10 Minuten Backzeit (pro Blech)

Ergibt 8 kleine Pizzette

Für den Teig
200 g Dinkelmehl (Type 630) plus etwas zum Bestäuben
75 g Dinkelvollkornmehl
½ TL Salz
8 g frische Hefe
2 EL Olivenöl
Für die Tomatensauce
1 Schalotte
1 Knoblauchzehe
1 EL Olivenöl
1 EL Balsamico-Essig
2 EL Tomatenmark
500 g passierte Tomaten
1 EL Agavendicksaft
1 Lorbeerblatt
1 TL getrockneter Oregano
Salz
schwarzer Pfeffer aus der Mühle
Für den Margarita-Belag
120 g geriebener Mozzarella
1 Handvoll Basilikumblätter
Für weitere Beläge (nach Belieben)
abgetropfter Mais aus der Dose
fein gewürfelte Paprika
in Ringe geschnittene entsteinte Oliven
fein geschnittene getrocknete Tomaten
Pinienkerne
Biosalamischeiben

Nur Margarita-Belag: vegetarisch, frei von raffiniertem Zucker

GUT VORZUBEREITEN

1 Für den Teig beide **Mehle** mit **Salz** in die Schüssel der Küchenmaschine geben und mischen. Die **Hefe** in 150 ml handwarmem Wasser auflösen, mit dem **Öl** zum Mehl geben und etwa 5 Minuten mit dem Knethaken zu einem geschmeidigen Teig kneten. Abdecken und etwa 2 ½ Stunden gehen lassen.* 2 Für die Tomatensauce **Schalotte** und **Knoblauchzehe** schälen. Beides mit dem **Öl** in einen Topf geben und 2–3 Minuten anbraten. Mit **Balsamico-Essig** ablöschen. **Tomatenmark** einrühren und kurz anrösten. **Tomaten, Agavendicksaft, Lorbeerblatt** und **Oregano** hinzugeben, aufkochen und bei niedriger Hitze etwa 30 Minuten köcheln lassen. Mit **Salz** und **Pfeffer** würzen.** 3 Den Backofen auf 250 °C Ober-/Unterhitze vorheizen. Zwei Backbleche mit Backpapier auslegen. 4 Den Teig in acht gleich große Portionen teilen (à etwa 55 g) und auf der leicht **bemehlten** Arbeitsfläche zu dünnen Kreisen oder Ovalen ausrollen. Je vier Pizzette auf ein Blech legen und mit Tomatensauce bestreichen. 5 Für den Margarita-Belag mit **Mozzarella** bestreuen.*** Die Bleche nacheinander in den vorgeheizten Ofen schieben und die Pizzette etwa 10 Minuten knusprig backen. 6 Die **Basilikumblätter** abbrausen und trocken tupfen. Die Pizzette aus dem Ofen nehmen und mit Basilikum bestreut servieren.

PIMPEN, TOPPEN, VARIIEREN

* Wer mag und hat, kann 1 TL Sauerteigansatz mit in den Teig geben. Dann reichen 5 g Frischhefe aus.

** Nach Belieben noch etwas Cayennepfeffer untermischen.

*** Wer die Pizzette individuell variieren möchte, kann sie noch zusätzlich belegen (siehe Zutatenliste), bevor sie mit Mozzarella bestreut werden.

Tipp Die Tomatensauce lässt sich prima portionsweise einfrieren, wenn etwas übrig bleiben sollte – am besten gleich die doppelte Menge kochen. Wer möchte, kann natürlich statt der kleinen Pizzette eine große Pizza auf einem Blech backen.

„Morgens, mittags, abends: Pfannkuchen schmecken immer. IMMER!"

PFANNKUCHENZEIT

GEBURTSTAG

PFANNKUCHEN

Zubereitungszeit ca. 40 Minuten plus mind. 20 Minuten Quellzeit

Ergibt ca. 8 kleine Pfannkuchen (Ø 20 cm)

4 Bioeier (Größe M)
200 g Dinkelmehl (Type 630)
250 ml kohlensäurehaltiges Mineralwasser
250 ml Milch (3,5 % Fett)
1 TL Agavendicksaft
1 Prise Salz
2 EL Butterschmalz

vegetarisch, frei von raffiniertem Zucker

1 **Eier, Mehl, Mineralwasser, Milch, Agavendicksaft** und **Salz** in einer Schüssel zu einem glatten Teig verrühren. * Abdecken und mindestens 20 Minuten quellen lassen. 2 In einer kleinen Pfanne (Ø etwa 20 cm) etwas **Butterschmalz** erhitzen. Eine Kelle Teig hineingeben und bei mittlerer Hitze von beiden Seiten je 2–3 Minuten goldbraun ausbacken. Auf die gleiche Weise sieben weitere Pfannkuchen backen. 3 Nach Wahl mit einer der Füllungen (siehe unten und rechts) servieren.

PIMPEN, TOPPEN, VARIIEREN

* Wer kein Mineralwasser mit Kohlensäure hat, kann auch Leitungswasser nehmen und ½ TL Backpulver hinzufügen.

CHAMPIGNONFÜLLUNG

Zubereitungszeit 20 Minuten

Ergibt 8 Portionen

1 Schalotte
400 g braune Champignons
6 Schnittlauchhalme
1 EL Butterschmalz
Salz
schwarzer Pfeffer aus der Mühle
200 g Kräuter-Crème-fraîche

vegetarisch, glutenfrei, frei von raffiniertem Zucker

Schalotte schälen und fein würfeln. **Pilze** trocken säubern und vierteln. **Schnittlauch** abbrausen, trocken schütteln und in Röllchen schneiden. **Butterschmalz** in einer großen Pfanne erhitzen und die Schalotten darin 5 Minuten anschwitzen. Pilze zugeben, **salzen** und **pfeffern** und 5 Minuten anbraten. **Kräuter-Crème-fraîche** und Schnittlauch untermischen.

FÜLLEN Die Pfannkuchen auf einer Hälfte mit Champignonfüllung belegen und überklappen.

BIRNENFÜLLUNG MIT SCHMAND UND ZIMTZUCKER

Zubereitungszeit 15 Minuten

Ergibt 8 Portionen

2–3 feste reife Birnen (insgesamt ca. 500 g)
1 EL Zitronensaft
4 TL Honig
1 TL gemahlener Zimt
100 g Schmand
1–2 EL Zucker

vegetarisch, glutenfrei

1 **Birnen** schälen, entkernen und fein würfeln. In eine Pfanne geben, **Zitronensaft** und 2 EL Wasser hinzufügen und 3 Minuten bei niedriger Hitze köcheln lassen. 2 ½ TL **Honig** und ½ TL **Zimt** untermischen und das Kompott noch etwa 2 Minuten auf dem Herd ziehen lassen.
2 Inzwischen **Schmand** mit restlichem **Honig** verrühren. **Zucker** und restlichen **Zimt** vermischen.

FÜLLEN Pfannkuchen mit Honigschmand bestreichen, mit Birnenkompott belegen, aufrollen und mit Zimtzucker bestreuen.

MANDELFÜLLUNG

Zubereitungszeit 5 Minuten (ohne Schoko-Mandel-Creme)

Ergibt 8 Portionen

4 EL Mandelblättchen
4 EL Schoko-Mandel-Creme (siehe Seite 36; alternativ weiße Schokocreme, Fertigprodukt)
Puderzucker zum Bestäuben oder Schokostreusel bzw. bunte Zuckerperlen (nach Belieben)

vegetarisch, glutenfrei

Mandelblättchen in einer Pfanne ohne Fett goldbraun rösten.

FÜLLEN Pfannkuchen mit **Schoko-Mandel-Creme** bestreichen, geröstete Mandelblättchen darüberstreuen, nach Belieben mit **Puderzucker** oder **Schokostreuseln** bestreuen und aufrollen.

Tipp Weitere Ideen für Belag oder Füllungen: Ofengemüse und Feta, Rucola, Balsamico-Dressing und Tomaten, Marmelade und frisches Obst, Kokoscreme und Ananas, Mascarpone und heiße Kirschen, Pistazien, Honig und griechischer Joghurt, Lemon Curd oder Nicecream (siehe Seite 152) und Blaubeeren und, und, und.

Flammende Möhre

Tipp Am besten bereitet man gleich die doppelte Menge Teig für zwei Bleche zu und belegt beide Flammkuchen unterschiedlich – so kann man sich nehmen, was schmeckt. Lässt sich am nächsten Tag gut aufbacken und auch einfrieren.

FLAMMKUCHEN
mit Karottencreme und zweierlei Belag

„Auch bei Flammkuchen bin ich immer offen für Extrawünsche meiner Familie. Wie gut, dass es zig köstliche Varianten gibt! Und eine ist leckerer als die andere."

Zubereitungszeit 35 Minuten plus 10–14 Minuten Backzeit

Für 3–4 Personen

Für den Teig
200 g Dinkelmehl (Type 630) plus etwas zum Bestäuben
40 g Dinkelvollkornmehl
¾ TL Salz
2 ½ EL Olivenöl

Für die Karottencreme
1 große Karotte (100 g)
1 EL Butter
Salz
schwarzer Pfeffer aus der Mühle
150 g Crème fraîche

Für Belag 1*
220 g gegarte Rote Beten (vakuumverpackt)
2 Frühlingszwiebeln
1 EL Balsamico-Essig
½ TL Honig
2 EL Olivenöl
Salz
schwarzer Pfeffer aus der Mühle
40 g Parmesan
2 EL Pinienkerne

Für Belag 2**
1 große rote Zwiebel
75 g Bioschinkenwürfel
schwarzer Pfeffer aus der Mühle

* vegetarisch, frei von raffiniertem Zucker
** frei von raffiniertem Zucker

GUT VORZUBEREITEN

1 Für den Teig beide **Mehle** mit **Salz, Öl** und 125 ml Wasser verkneten, abdecken und etwa 20 Minuten ruhen lassen. 2 Inzwischen den Backofen auf 240 °C Ober-/Unterhitze vorheizen. Ein Backblech mit Backpapier auslegen. 3 Für die Karottencreme die **Karotte** schälen, würfeln, in einen kleinen Topf geben und mit Wasser bedecken. **Butter** und etwas **Salz** und **Pfeffer** zugeben, aufkochen und die Karotten etwa 15 Minuten bei niedriger bis mittlerer Hitze weich kochen. Vom Herd nehmen, falls nötig, abgießen, **Crème fraîche** hinzufügen und mit dem Stabmixer fein pürieren.* 4 Den Teig auf der leicht **bemehlten** Arbeitsfläche ausrollen, auf das vorbereitete Blech legen und noch dünner ausrollen. Mit einer Gabel einstechen und mit Karottencreme bestreichen. 5 Belag 1 oder 2 wählen.

FÜR BELAG 1 Während der Karottengarzeit die **Roten Beten** in dünne Scheiben schneiden. **Frühlingszwiebeln** waschen, putzen und in feine Ringe schneiden. Beides in eine Schüssel geben, **Essig, Honig** und **Öl** mit etwas **Salz** und **Pfeffer** einrühren und kurz marinieren. **Parmesan** in Späne hobeln, beiseitestellen. Marinierte Rote Beten auf der Karottencreme verteilen und mit **Pinienkernen** bestreuen.

FÜR BELAG 2 Während der Karottengarzeit **Zwiebel** schälen, halbieren und in dünne Ringe schneiden. Zwiebeln und **Schinkenwürfel** auf der Karottencreme verteilen und mit **Pfeffer** bestreuen.

Im vorgeheizten Ofen 10–14 Minuten goldbraun backen. Herausnehmen, den Flammkuchen in Stücke schneiden (Belag 1 mit Parmesanspänen bestreuen) und servieren.

PIMPEN, TOPPEN, VARIIEREN

* Statt Karottencreme kann man auch nur etwa 200 g Crème fraîche oder Schmand verwenden, alternativ etwa 200 g Frischkäse oder Ziegenfrischkäse, der mit etwas Milch cremig gerührt wird.

SNACKS
für zwischendurch

„Zugegeben: Wir brauchen immer Snacks. Egal, ob mal kurz zwischendurch zu Hause oder beim Ausflug in die Natur: Wir haben Snacks am Start. Am liebsten selbst gemachte.“

„Knabberkram muss sein! Aber gern auch mal in gesund …“

Chips-Konfetti und Zaubernüsse

Tipp Am besten frisch wegknabbern! Falls was übrig bleiben sollte, luftdicht verpacken und später kurz aufbacken, damit die Chips wieder knusprig werden.

Gemüsechips vegan, laktosefrei, glutenfrei, frei von raffiniertem Zucker
Gewürznüsse vegetarisch, glutenfrei, frei von raffiniertem Zucker

GEMÜSECHIPS

FÜR UNTERWEGS

Zubereitungszeit ca. 20 Minuten plus 120–135 Minuten Backzeit

Ergibt ca. 100 g (4 Portionen à ca. 25 g)

2 kleine Süßkartoffeln (à ca. 200 g)
3 EL Rapsöl
Salz
schwarzer Pfeffer aus der Mühle
6 Prisen edelsüßes Paprikapulver
2 große Pastinaken (à ca. 200 g)
2 Rote Beten (à 100 g)

1 Den Backofen auf 140 °C Umluft vorheizen. Drei Backbleche mit Backpapier auslegen. 2 **Süßkartoffeln** schälen und mit einem Gemüsehobel oder scharfen Messer in hauchdünne Scheiben schneiden. 1 EL **Öl** mit zwei Prisen **Salz**, etwas **Pfeffer** und zwei Prisen **Paprikapulver** in einer Schüssel verrühren. Süßkartoffelscheiben darin wenden (sie sollten nur mit einem Hauch Öl benetzt sein), nebeneinander auf einem der vorbereiteten Bleche verteilen und im vorgeheizten Ofen 35–40 Minuten knusprig backen, dabei zwischendurch immer wieder die Ofentür öffnen, damit der Dampf entweichen kann. Nach der Hälfte der Backzeit die Chips wenden und mit Küchenpapier leicht trocken tupfen. Aufpassen, dass die Chips nicht verbrennen. 3 Inzwischen **Pastinaken** schälen, ebenfalls in hauchdünne Scheiben schneiden, wie die Süßkartoffeln mit 1 EL gewürztem Öl leicht benetzen und nebeneinander auf dem zweiten Blech verteilen. 4 Das erste Blech mit den Süßkartoffelchips herausnehmen, die Chips mit etwas **Salz** bestreuen und auf dem Blech auskühlen lassen. 5 Das Blech mit den Pastinakenscheiben in den Ofen geben und auf die gleiche Weise 40–45 Minuten knusprig backen. 6 Gegen Ende der Backzeit **Rote Beten** gut waschen, trocken tupfen, die Enden abschneiden, in hauchdünne Scheiben schneiden oder hobeln, wie beschrieben mit restlichem gewürzten Öl leicht benetzen und nebeneinander auf das dritte Blech geben. 7 Das zweite Blech aus dem Ofen nehmen, Pastinakenchips **salzen** und auskühlen lassen. 8 Das Blech mit den Roten Beten hineingeben und auf die gleiche Weise 45–50 Minuten knusprig backen, **salzen** und auskühlen lassen. *

PIMPEN, TOPPEN, VARIIEREN

* Die Chips lassen sich auch mit Karotten, Kartoffeln, Kürbis, Petersilienwurzel, gelben Beten und Topinamburen zubereiten. Dabei die Backzeit anpassen.

GEWÜRZNÜSSE

FÜR UNTERWEGS · KINDERLEICHT · RATZFATZ

Zubereitungszeit 10 Minuten plus 8–10 Minuten Backzeit

Ergibt ca. 200 g (8 Portionen à 25 g)

200 g ungesalzene, ungeröstete Nusskernmischung
Salz
¼ TL gemahlene Kurkuma
¼ TL edelsüßes Paprikapulver
1 Prise schwarzer Pfeffer aus der Mühle
2 EL Honig
15 g Butter

1 Den Backofen auf 175 °C Ober-/Unterhitze vorheizen und ein Backblech mit Backpapier auslegen. 2 Die **Nüsse** in einer Schüssel mit ¼ TL **Salz, Kurkuma, Paprikapulver** und **Pfeffer** vermengen. * 3 **Honig** mit **Butter** und 1 EL Wasser in einem kleinen Topf erhitzen, bis die Butter geschmolzen ist. ** Die Nussmischung in den Topf geben, alles gut verrühren und auf dem vorbereiteten Blech verteilen, sodass die Nüsse möglichst nebeneinander liegen. 4 Im vorgeheizten Ofen 8–10 Minuten goldbraun rösten, dabei nach der Hälfte der Backzeit die Nüsse einmal wenden. 5 Herausnehmen, nach Belieben mit **Salz** bestreuen und auskühlen lassen.

PIMPEN, TOPPEN, VARIIEREN

* Wer mag, mischt noch weitere Gewürze wie gemahlenen Kreuzkümmel oder Cayennepfeffer unter oder verwendet eine Gewürzmischung wie Garam Masala.

** Für vegane Nüsse statt Honig Agavendicksaft oder Reissirup und statt Butter vegane Margarine verwenden.

NUDELSALAT *im Glas*

„Kleiner Tipp: Marmeladengläser aufbewahren und mit dem Salat füllen. Dann wird aus diesem Rezept ein praktischer Lunch to go.“

Zubereitungszeit ca. 35 Minuten (ohne Mayo)

Für 4 Personen (ergibt 4 Gläser à ca. 400 ml)

Für den Nudelsalat
250 g Farfalle
Salz
25 g Pinienkerne
100 g Mais aus der Dose
1 Minisalatgurke
2 Gewürzgurken
1 kleine rote Paprikaschote
1 Avocado
1 EL Zitronensaft
schwarzer Pfeffer aus der Mühle
25 g Parmesan
Für die Basilikum-Mayo
1 Rezeptmenge Homemade Mayo (siehe Seite 96; alternativ Fertigprodukt)
2 Handvoll Basilikumblätter

vegetarisch, frei von raffiniertem Zucker

Für unterwegs · Kinderleicht · Gut vorzubereiten

1 Für den Nudelsalat die **Farfalle** nach Packungsanweisung in kochendem **Salzwasser** al dente garen. * In ein Sieb abgießen, abschrecken und abkühlen lassen. 2 Inzwischen die **Pinienkerne** in einer Pfanne ohne Fett goldbraun rösten. 3 **Mais** abtropfen lassen. **Gurke** waschen, längs vierteln und in feine Scheiben schneiden. **Gewürzgurken** fein würfeln. **Paprika** waschen, entkernen und fein würfeln. **Avocado** halbieren, entkernen, das Fruchtfleisch auslösen, würfeln und mit **Zitronensaft** mischen. Alle vorbereiteten Zutaten behutsam in einer großen Schüssel vermengen. 4 Für die Basilikum-Mayo die **Mayo** in eine Schale geben. **Basilikum** abbrausen, trocken schütteln, fein hacken und unter die Mayo mischen. 5 Die Nudeln in die Schüssel mit der Gemüsemischung geben, Basilikum-Mayo darübergeben und vermengen. Mit **Salz** und **Pfeffer** abschmecken und in vier Schraubgläser füllen. **Parmesan** in Späne hobeln, auf die Portionen streuen und die Gläser verschließen.

PIMPEN, TOPPEN, VARIIEREN

* Alternativ können natürlich auch andere kurze Nudeln verwendet werden, zum Beispiel Gobetti.

Tipp Wenn es in der Familie verschiedene Geschmäcker gibt, können die Nudeln mit den Zutaten nach Wunsch auf mehrere Schüsseln aufgeteilt werden. So kann sich jeder seinen eigenen Lieblingssalat zusammenstellen.

Süß
und lustig

Süßkartoffel-Kichererbsen-
HANDPIES

„Ich bin ein großer Süßkartoffelfan. Versprochen: ihr auch gleich!“

Zubereitungszeit 45 Minuten plus ca. 20 Minuten Backzeit

Ergibt 8 Handpies

300 g Süßkartoffel
2 ½ EL Olivenöl
Salz
schwarzer Pfeffer aus der Mühle
½ Dose Kichererbsen (ca. 130 g Abtropfgewicht)
2 Frühlingszwiebeln
1 Knoblauchzehe
½ Bund glatte Petersilie
1 TL Zitronensaft
60 g Feta (45 % Fett)
1 Bioeigelb (Größe M)
1 Rolle rechteckiger Blätterteig (ca. 275 g; aus dem Kühlregal)

vegetarisch, frei von raffiniertem Zucker

FÜR UNTERWEGS · GEMÜSEVERSTECK

1 Den Backofen auf 200 °C Ober-/Unterhitze vorheizen. Ein Backblech mit Backpapier auslegen. 2 **Süßkartoffel** schälen und maximal 2 cm groß würfeln. Auf das vorbereitete Backblech geben, mit 1 ½ EL **Öl** vermengen und mit **Salz** und **Pfeffer** würzen. Im vorgeheizten Ofen etwa 25 Minuten weich rösten.* 3 Inzwischen die **Kichererbsen** in ein Sieb abgießen, abbrausen und gut abtropfen lassen. **Frühlingszwiebeln** waschen, putzen und in feine Ringe schneiden. **Knoblauchzehe** schälen und zerdrücken oder sehr fein hacken. Die **Petersilie** abbrausen, trocken schütteln und die Blätter grob hacken. 4 Restliches **Öl** in einer Pfanne erhitzen und die Kichererbsen darin 3–5 Minuten bei mittlerer bis hoher Hitze anbraten, dabei leicht **salzen.** Die Hitze reduzieren, Frühlingszwiebeln und Knoblauch hinzufügen und einige Minuten mit anschwitzen. 5 Petersilie, **Zitronensaft** und etwas **Pfeffer** untermischen. Die Pfanne vom Herd nehmen, **Feta** zerbröseln und untermengen. 6 Süßkartoffelwürfel aus dem Ofen nehmen (den Ofen eingeschaltet lassen), noch heiß in eine Schüssel geben und mit dem Kartoffelstampfer zerdrücken. 7 **Eigelb** mit 1 ½ EL Wasser verrühren. **Blätterteig** ausbreiten, in acht gleich große Rechtecke schneiden, diese diagonal halbieren, sodass insgesamt 16 Dreiecke entstehen. Die Ränder von acht Dreiecken mit Eigelb bepinseln, in die Mitte je einen gehäuften Teelöffel Süßkartoffelstampf und Kichererbsenmischung geben und etwas flach drücken (den Rand frei lassen).** Jeweils ein zweites Teigdreieck darauflegen, die Ränder gut mit einer Gabel festdrücken und die Oberflächen ebenfalls mit Eigelb bepinseln. 8 Die Teigtaschen auf das vorbereitete Blech setzen und im vorgeheizten Ofen etwa 20 Minuten goldbraun backen. Herausnehmen und vor dem Servieren etwas abkühlen lassen.

PIMPEN, TOPPEN, VARIIEREN

* Statt Süßkartoffeln schmecken auch geröstete Kürbis- oder Kartoffelwürfel.

** Wer es gern scharf mag, kann seine Teigtasche zusätzlich mit Chiliflocken oder Cayennepfeffer würzen.

FRUCHTIGER COUSCOUSSALAT
mit Rosinen und Aprikosen

„Ja, zugegeben: Rosinen mag nicht jeder – einige meiner Kinder picken sie konsequent aus allen Gerichten heraus. Sehr zur Freude der anderen, denn die haben dann nämlich mehr.“

Zubereitungszeit 20 Minuten

Für 4 Personen

200 g Couscous
Salz
ca. 200 ml Orangensaft plus
1 EL Orangensaft
30 g Rosinen
40 g Mandelstifte
50 g Soft-Aprikosen
2 Frühlingszwiebeln
5 Stängel glatte Petersilie
4 EL Arganöl plus etwas zum Beträufeln
1 TL Honig
¼ TL gemahlener Kreuzkümmel
schwarzer Pfeffer aus der Mühle
100 g Ziegenfrischkäse

vegetarisch, frei von raffiniertem Zucker

1 **Couscous** mit ½ TL **Salz** in einer Schüssel vermengen. **Orangensaft** (eventuell Menge laut Couscous-Packungsanweisung anpassen) in einem Topf aufkochen und über den Couscous gießen. Einmal durchrühren und etwa 5 Minuten abgedeckt quellen lassen. Dann mit einer Gabel auflockern und abkühlen lassen. 2 Inzwischen **Rosinen** in ein Schälchen geben, mit 1 EL **Orangensaft** beträufeln und einweichen. 3 **Mandelstifte** in einer Pfanne ohne Fett goldbraun rösten. 4 **Soft-Aprikosen** in feine Würfel schneiden. **Frühlingszwiebeln** putzen, waschen und in feine Ringe schneiden. **Petersilie** abbrausen, trocken schütteln, Blätter grob hacken und mit Aprikosen und Frühlingszwiebeln zum Couscous geben. Rosinen und Mandeln hinzufügen und mischen. 5 **Arganöl** mit **Honig, Kreuzkümmel,** etwas **Salz** und **Pfeffer** verrühren und ebenfalls unter den Salat mengen.* Den Salat auf vier Schalen verteilen. **Ziegenfrischkäse** mit einem Teelöffel abstechen und in kleinen Portionen auf die Salate geben.** Den Couscoussalat mit etwas **Arganöl** beträufeln und servieren.

FÜR UNTERWEGS
RATZFATZ

PIMPEN, TOPPEN, VARIIEREN

* Wer kein Arganöl hat, nimmt stattdessen kalt gepresstes Olivenöl.

** Statt Ziegenfrischkäse schmeckt auch Feta oder ein herkömmlicher Frischkäse.

Salat „1001 Nacht“

Tipp Der Salat eignet sich super zum Mitnehmen. Einfach auf Schraubgläser verteilen, den Ziegenfrischkäse daraufgeben, etwas Arganöl darüberträufeln, verschließen und fertig!

Mondbrötchen

QUARKHÖRNCHEN
Ham 'n' Cheese

„Diese deftigen Leckereien backen wir gern sonntags, wenn es fürs Frühstück schon ein bisschen spät, fürs Mittagessen aber noch zu früh ist.“

Zubereitungszeit 20 Minuten plus ca. 25 Minuten Backzeit

Ergibt 12 Hörnchen

Für den Teig
125 g Quark (20 % Fett)
75 ml Milch (3,5 % Fett)
50 ml Rapsöl
250 g Dinkelmehl (Type 630) plus Mehl zum Bestäuben
1 ½ TL Backpulver
½ TL Salz

Für die Füllung
50 g Bioschinkenwürfel
50 g Reibekäse

Zum Bestreichen
1 Bioeigelb (Größe M)
1 EL Milch (3,5 % Fett)

frei von raffiniertem Zucker

Tipp Die Hörnchen lassen sich auch ganz ohne Füllung zubereiten – dann einfach nach dem Backen aufschneiden und nach Belieben belegen.

FÜR UNTERWEGS

1 Den Backofen auf 180 °C Ober-/Unterhitze vorheizen und ein Backblech mit Backpapier auslegen. 2 Für den Teig **Quark** mit **Milch** und **Öl** verrühren. **Mehl** mit **Backpulver** und **Salz** vermengen, zur Quarkmasse geben und zu einem glatten, weichen Teig verkneten.* 3 Den Teig auf der leicht **bemehlten** Arbeitsfläche zu einem etwa 28 × 28 cm großen Quadrat ausrollen und horizontal halbieren. Aus jedem Teigstreifen mit einem scharfen Messer im Zickzack fünf Dreiecke (etwa 9 cm breit, 14 cm hoch) ausschneiden. Die vier Teigreste von den Rändern zu zwei Dreiecken zusammenfügen, sodass es insgesamt zwölf Dreiecke ergibt. Die Dreiecke, die auf der Spitze liegen, umdrehen. Auf die schmaleren (unteren) Ränder der Dreiecke je 1 TL **Schinkenwürfel** als Streifen geben und diese leicht in den Teig drücken. Dann je 1 TL **Käse** darüberstreuen.** 4 Zu den Dreiecksspitzen hin aufrollen, die Spitzen andrücken, nach unten drehen, dann die seitlichen Enden leicht nach innen biegen und zu Hörnchen formen. Nicht zu eng aufrollen, da die Hörnchen beim Backen noch aufgehen und reißen könnten. 5 Zum Bestreichen **Eigelb** mit **Milch** verquirlen und die Hörnchen damit bepinseln.*** Auf das vorbereitete Blech setzen und im vorgeheizten Ofen etwa 25 Minuten goldbraun backen. 6 Herausnehmen, etwas abkühlen lassen und am besten lauwarm genießen.

PIMPEN, TOPPEN, VARIIEREN

* Wer keinen Quark hat, kann stattdessen Frischkäse verwenden. Das Rezept funktioniert sogar mit Joghurt, dann aber etwas weniger Milch oder etwas mehr Mehl einarbeiten.

** Die Hörnchen schmecken auch vegetarisch gefüllt, zum Beispiel mit Feta, Frühlingszwiebeln und getrockneten Tomaten.

*** Wer mag, kann die Hörnchen noch mit Sesam oder Sonnenblumenkernen bestreuen.

CAESAR-SALAD-SANDWICH

Zubereitungszeit 12–15 Minuten (ohne Mayo) • Ergibt 2 Sandwiches
frei von raffiniertem Zucker

1 geh. EL Homemade Mayo (siehe Seite 96; alternativ Fertigprodukt) mit **1 TL fein gehackten Kapern** mischen. * **2 Scheiben Bauernbrot** oder selbst gebackenes **Dinkelkrustenbrot** (siehe Seite 31) von einer Seite mit **½ Knoblauchzehe** einreiben, mit **1–2 TL Olivenöl** bestreichen und in einer Pfanne auf beiden Seiten knusprig rösten. Beide Brotscheiben mit der Kapern-Mayo bestreichen. Eine Brotscheibe mit **Romanasalatblättern** und **2 dünnen Scheiben Biohähnchenbrust** (insgesamt etwa 30 g) belegen. Mit **1–2 TL Parmesanspänen** toppen, die zweite Brotscheibe mit der bestrichenen Seite nach unten darauflegen und das Sandwich halbieren.

Tipp Wer möchte, kann das Sandwich noch mit hart gekochtem und in Scheiben geschnittenem Ei belegen.

PIMPEN, TOPPEN, VARIIEREN

* Wer keine Kapern mag, lässt sie einfach weg. Stattdessen Frühlingszwiebel oder Petersilie verwenden.

CIABATTA MIT ROTEM PESTO UND BÜFFELMOZZARELLA

Zubereitungszeit 12 Minuten • Ergibt 2 Brote
vegetarisch, frei von raffiniertem Zucker

1 TL Pinienkerne in einer Pfanne trocken anrösten und herausnehmen. Inzwischen **½ kleine Zucchini** waschen, in dünne Scheiben schneiden und in **1 EL Olivenöl** anbraten. Mit **Salz** und **schwarzem Pfeffer aus der Mühle** würzen. Einige **Rucolablätter** abbrausen und trocken tupfen. **1 Ciabattabrötchen** aufschneiden und die Schnittflächen mit **1 EL rotem Pesto** (oder grünem Pesto) bestreichen. **¼ Büffelmozzarella** in dünne Scheiben schneiden und auf die untere Ciabattahälfte legen. Zucchini, Pinienkerne und Rucola daraufgeben. Die obere Hälfte mit der bestrichenen Seite nach unten darauflegen und das Ciabattabrötchen quer halbieren.

STULLE MIT FENCHEL, SALAMI UND ORANGE

Zubereitungszeit 8 Minuten • Ergibt 2 Stullen
frei von raffiniertem Zucker

¼ kleine Fenchelknolle waschen, trocken tupfen und fein in eine Schüssel hobeln. **1 TL Orangensaft** und **1 TL Olivenöl** darüberträufeln und mischen. **2 Orangenfilets** klein schneiden und unterheben. * **2 Scheiben Schwarzbrot** mit **1 EL Frischkäse** bestreichen. Eine Scheibe mit Fenchelsalat und **2 Scheiben Biosalami** toppen. Mit etwas **gehacktem Fenchelgrün** ** bestreuen, die zweite Scheibe darauflegen und halbieren.

PIMPEN, TOPPEN, VARIIEREN

* Statt Fenchel und Orange schmecken auch Karotten- und Gurkenjulienne.
** Alternativ mit Schnittlauchröllchen bestreuen.

BIRNEN-CAMEMBERT-TOAST MIT PREISELBEEREN

Zubereitungszeit 8 Minuten • Ergibt 2 Toasts
vegetarisch

2 Toastbrotscheiben im Toaster rösten. Inzwischen **½ kleine Birne** schälen, entkernen, in dünne Spalten schneiden. Beide Toastscheiben mit **10 g Butter** bestreichen. Eine Scheibe mit **dünnen Camembertscheiben** und Birne belegen und **1 TL Preiselbeeren** (aus dem Glas) daraufgeben. * Die zweite Toastscheibe mit der bestrichenen Seite nach unten darauflegen und das Sandwich diagonal halbieren.

PIMPEN, TOPPEN, VARIIEREN

* Alternativ Johannisbeergelee nehmen.

Milchschnitte
de luxe

DIY-MILCHSCHNITTE

„Milchschnitte kaufen wir unseren Kindern einfach nicht, selbst wenn wir diese Dinger ja auch irgendwie überlebt haben … Lieber machen wir sie selbst – mit besten Zutaten für Genuss ganz ohne schlechtes Gewissen."

Zubereitungszeit 40–45 Minuten
plus ca. 16 Minuten Backzeit und
ca. 30 Minuten Kühlzeit

Ergibt 10–12 Stück

Für den Teig
4 Bioeier (Größe M)
1 Prise Salz
50 g Zucker
1 Pck. Bourbon-Vanillezucker
50 g Dinkelmehl (Type 630)
50 g Speisestärke
30 g Kakaopulver
¼ TL Backpulver
Für die Füllung
150 g Sahne
1 ½ TL Sahnesteif
1 Pck. Bourbon-Vanillezucker
150 g Magerquark
30 g Puderzucker
½ TL Zitronensaft

vegetarisch

1 Den Backofen auf 190 °C Ober-/Unterhitze vorheizen. Zwei Backbleche mit Backpapier auslegen. 2 Für den Teig die **Eier** mit **Salz, Zucker, Vanillezucker** und 1 EL Wasser in eine Rührschüssel geben und mit den Quirlen des Handrührgeräts 3–5 Minuten dickcremig rühren. **Mehl, Speisestärke, Kakao-** und **Backpulver** gut vermischen, auf die Eiermasse sieben und mit einem Teigschaber behutsam untermengen. 3 Den Teig in zwei gleich große Portionen teilen (à etwa 200 g) und auf den vorbereiteten Blechen gleichmäßig dick zu etwa 25 × 35 cm großen Rechtecken verstreichen, dabei 4–5 cm Abstand zu den Blechrändern lassen. Die Bleche nacheinander in den vorgeheizten Ofen geben und etwa 8 Minuten backen. 4 Die Böden jeweils auf ein feuchtes Küchentuch stürzen und die Backpapiere abziehen. Das geht leichter, wenn man das Papier mit etwas kaltem Wasser bepinselt. Die Böden auskühlen lassen, dann auf Schneidebretter legen und die Ränder mit einem scharfen Messer begradigen, sodass beide Böden exakt gleich groß sind. Dann einen Boden in zehn bis zwölf gleich große Rechtecke schneiden. 5 Für die Füllung **Sahne** mit **Sahnesteif** und **Vanillezucker** steif schlagen. **Quark** mit **Puderzucker** und **Zitronensaft** cremig rühren. Sahne unterheben. * Die Füllung auf dem intakten Boden gleichmäßig verstreichen. Dann die Teigrechtecke dicht nebeneinander darauflegen und etwa 30 Minuten kalt stellen. 6 Mit einem scharfen, in heißes Wasser getauchten Messer entlang der Schnittkanten in einzelne Schnitten schneiden und genießen.

FÜR UNTERWEGS · GEBURTSTAG · FÜR GÄSTE

PIMPEN, TOPPEN, VARIIEREN

* Wer mag, gibt noch 25 g Schokoladenraspel in die Creme.

Streusel-Kirsch- TARTELETTES

„Das ist das beste Streuselkuchen-Rezept aller Zeiten. Denn meine Oma Inge wusste einfach, was richtig gut ist!“

Zubereitungszeit 30–35 Minuten plus 22–25 Minuten Backzeit

Ergibt 12 Tartelettes

Für die Füllung
480 g Sauerkirschen aus dem Glas (Abtropfgewicht)

Für den Teig
300 g Butter
225 g Zucker
500 g Dinkelmehl (Type 630)
1 Pck. Backpulver
1 TL gemahlener Zimt
¼ TL Salz
1 Bioei (Größe M)

Außerdem
12 Tarteletteförmchen mit Hebeböden (Ø à 10 cm)

vegetarisch

(1) Für die Füllung **Sauerkirschen** gut abtropfen lassen.* (2) Den Backofen auf 175 °C Ober-/Unterhitze vorheizen. (3) Für den Teig die **Butter** in einem Topf schmelzen, dann in eine Schüssel gießen und abkühlen lassen. **Zucker** in die noch flüssige Butter rühren. **Mehl** mit **Backpulver, Zimt** und **Salz** vermengen und mit dem **Ei** hinzugeben. Alles rasch zu einem krümeligen Teig verkneten. (4) Etwa zwei Drittel des Teigs gleichmäßig auf die Förmchen verteilen und diese vollständig damit auskleiden, dabei den Teig mit den Fingern am Boden und an den Rändern gleichmäßig festdrücken. (5) Die Kirschen in die Böden füllen und den restlichen Teig als Streusel darüber verteilen. Auf ein Backblech geben und im vorgeheizten Ofen 22–25 Minuten goldbraun backen. (6) Herausnehmen, abkühlen lassen, aus den Förmchen lösen und servieren.

FÜR UNTERWEGS · KINDERLEICHT

PIMPEN, TOPPEN, VARIIEREN

* Die Füllung lässt sich nach Belieben mit dem variieren, was man gerade an Obst da hat (zum Beispiel Pfirsiche, Pflaumen, Mango, Ananas, Himbeeren, Brombeeren, Stachelbeeren). Speziell im Herbst oder Winter schmecken die Tartelettes hervorragend mit Apfel- oder Birnenwürfeln gefüllt – am besten mit reichlich Zimt und Vanille vermischt.

Tipp Wer möchte, streut noch etwas Puderzucker über die Tartelettes. Man kann auch eine Spring- oder Tarteform (Ø 26 cm) verwenden und einen großen Kuchen bei der gleichen Temperatur etwa 45 Minuten goldbraun backen.

Streuselwunder

Tipp Die Scones schmecken herrlich mit Frischkäse, Butter oder Quark sowie Honig oder Konfitüre und natürlich auch mit Schoko-Mandel-Creme (siehe Seite 36). Sie lassen sich übrigens prima einfrieren. Also am besten gleich die doppelte Menge zubereiten.

Karotten-Zimt-SCONES

„Seit meinem Rosamunde-Pilcher-Dreh und meiner Zeit in England gehören Scones für mich unbedingt zur Teatime dazu. YUMMY!“

Zubereitungszeit 25–30 Minuten plus ca. 15 Minuten Backzeit

Ergibt 8–10 Scones

Für den Teig
1 große Karotte
300 g Dinkelmehl (Type 630) plus etwas zum Bestäuben
100 g gemahlene Haselnusskerne
50 g Rohrohrzucker
2 TL Backpulver
2 Prisen Salz
1 TL gemahlener Zimt
100 g kalte Butter
100 g Joghurt Natur (3,5 % Fett)
1 TL Ahornsirup
1 Bioei (Größe M)

Für den Belag
1 Bioeigelb (Größe M)
1 ½ EL Milch (3,5 % Fett)
1–2 TL brauner Zucker

vegetarisch

1 Für den Teig die **Karotte** schälen und fein reiben (das sollte etwa 75 g Karottenraspel ergeben).* **Mehl** mit **Nüssen, Zucker, Backpulver, Salz** und **Zimt** vermengen. Kalte **Butter** in sehr kleine Würfel schneiden und zur Mehlmischung geben. Alles rasch mit den Fingern zu einem krümeligen Teig verarbeiten (es dürfen ruhig noch kleine Butterklümpchen zu sehen sein). 2 **Joghurt, Ahornsirup** und **Ei** verquirlen, zum Teig geben und mit den Knethaken des Handrührgeräts unterkneten. Karottenraspel dazugeben und zügig untermengen – nicht zu lange kneten. 3 Den Backofen auf 240 °C Ober-/Unterhitze vorheizen. Ein Backblech mit Backpapier auslegen. 4 Den Teig auf der leicht **bemehlten** Arbeitsfläche etwa 2,5 cm dick behutsam und gleichmäßig flach drücken. Mit einem Glas Kreise ausstechen. Teigreste vorsichtig zusammendrücken und erneut ausstechen oder zu Kreisen formen. 5 Für den Belag **Eigelb** und **Milch** verquirlen und die Teiglinge damit einpinseln. Mit **Zucker** bestreuen, auf das vorbereitete Backblech setzen und im vorgeheizten Ofen etwa 15 Minuten goldbraun backen. Wenn die Scones gegen Ende der Backzeit zu dunkel werden, mit Alufolie abdecken. 6 Herausnehmen und auf einem Küchengitter abkühlen lassen.

GEMÜSEVERSTECK

FÜR UNTERWEGS

PIMPEN, TOPPEN, VARIIEREN

* Karotte kann auch durch geriebenen Kürbis ersetzt werden.

SÜSS
und gesund

„Wer glaubt, süß und gesund geht nicht, der hat dieses Kapitel noch nicht gelesen. Wenn ihr auch solche Naschkatzen seid wie wir, werdet ihr diese Rezepte lieben!“

Nuss-Birnen-MUFFINS

„Superfluffig, saftig und crunchy: Ihr werdet diese Muffins lieben!“

Zubereitungszeit 20 Minuten plus ca. 25 Minuten Backzeit

Ergibt 12 Stück
75 g sehr weiche Butter
2 Bioeier (Größe L)
85 g Agavendicksaft
150 g ungesüßtes Apfelmus (siehe Seite 17)
125 g griechischer Joghurt Natur (10 % Fett)
180 g Dinkelmehl (Type 630)
50 g gemahlene Haselnusskerne
1 EL Backpulver
1 TL gemahlener Zimt
¼ TL gemahlene Vanille
1 Prise Salz
1 Birne
50 g Walnusskerne

Außerdem
12er-Muffinblech
12 Muffin-Papierbackförmchen

vegetarisch, frei von raffiniertem Zucker

1 Den Backofen auf 180 °C Ober-/Unterhitze vorheizen. Die Mulden des Muffinblechs mit den Muffin-Papierbackförmchen auslegen. 2 **Butter** und **Eier** in eine Schüssel geben und mit den Quirlen des Handrührgeräts cremig rühren. **Agavendicksaft, Apfelmus** und **Joghurt** hinzugeben und unterrühren. * **Mehl, Haselnüsse, Backpulver, Zimt, Vanille** und **Salz** vermischen und nur kurz unterrühren, bis ein homogener Teig entstanden ist. 3 **Birne** schälen, entkernen und in kleine Würfel schneiden. **Walnüsse** hacken und beides unter den Teig heben. In die Muffinförmchen füllen und im vorgeheizten Ofen etwa 25 Minuten backen. Stäbchenprobe machen! Sind die Muffins noch zu feucht, einfach einige Minuten länger backen. 4 Herausnehmen, die Muffins aus den Mulden heben und abkühlen lassen.

PIMPEN, TOPPEN, VARIIEREN

* Statt griechischem Joghurt schmeckt auch Kokosjoghurt lecker – nach Belieben dann zusätzlich 2 EL Kokosraspel in den Teig geben.

Tipp Zu den Muffins schmeckt je ein Klecks Zimt-Cashew-Creme (siehe Seite 143). Wer mag, toppt das Ganze zusätzlich mit karamellisierten Walnüssen. Dazu 50 g grob gehackte Walnusskerne in einer Pfanne ohne Fett anrösten. 1 EL flüssigen Honig darüberträufeln und kurz karamellisieren lassen.

Tipp Sowohl der Milchreis als auch die Rote Grütze lässt sich super vorbereiten. Einfach abkühlen lassen, abdecken und bis zur Verwendung in den Kühlschrank stellen.

Schneeweißchen und Rosenrot

MILCHREIS
mit Roter Grütze

„Omas Klassiker. Irgendwie typisch nordisch – so wie ich!“

Zubereitungszeit ca. 40 Minuten

Für 4 Personen

Für den Milchreis
½ Vanilleschote
125 g Milchreis
500 ml Milch (3,5 % Fett)
1 Prise Salz
50 g entsteinte getrocknete Datteln
30 g Mandelstifte
½ TL gemahlener Zimt

Für die Rote Grütze
250 g TK-Beerenmischung
½ Vanilleschote
75 ml Kirschsaft (alternativ Traubensaft)
2 EL Agavendicksaft
1 TL Zitronensaft
1 EL Speisestärke

vegetarisch, glutenfrei, frei von raffiniertem Zucker

GUT VORZUBEREITEN

FÜR GÄSTE

1 Für den Milchreis die halbe **Vanilleschote** längs aufschneiden, mit **Reis, Milch** und **Salz** in einen Topf mit dickem Boden geben und aufkochen. Die Hitze reduzieren und auf niedriger Stufe unter gelegentlichem Rühren etwa 25 Minuten garen, bis der Milchreis weich ist und die gesamte Flüssigkeit aufgenommen hat. Aufpassen, dass er nicht anbrennt. 2 Inzwischen die **Datteln** in einer Schale mit 50 ml kochend heißem Wasser bedecken und etwa 20 Minuten einweichen. 3 **Mandelstifte** in einer kleinen Pfanne ohne Fett goldbraun rösten. 4 Datteln samt Einweichwasser und **Zimt** in einen hohen Mixbecher geben und mit dem Stabmixer sehr fein mixen. Achtung, das kann spritzen! 5 Kurz vor Ende der Garzeit das Dattelpüree und drei Viertel der Mandelstifte unter den Milchreis rühren, die Vanilleschote entfernen. Den Milchreis abkühlen lassen. 6 Für die Rote Grütze die **Beerenmischung** antauen lassen. **Vanilleschote** längs aufschneiden, mit **Kirschsaft, Agavendicksaft** und **Zitronensaft** in einen Topf geben und aufkochen. **Speisestärke** mit 2 EL kaltem Wasser glatt rühren, unter Rühren in den Topf geben und kurz zum Kochen bringen. Dann die Beerenmischung dazugeben und bei niedriger Hitze 2–3 Minuten köcheln lassen. Vom Herd nehmen und abkühlen lassen. 7 Milchreis und Grütze abwechselnd in vier Dessertgläser schichten. Mit den restlichen Mandeln bestreuen und servieren. *

PIMPEN, TOPPEN, VARIIEREN

* Wer keine Zeit zum Schichten hat und Milchreis und Rote Grütze lieber warm servieren will, kann den Milchreis in kleinen Dessertringen auf Teller verteilen und die Grütze darüberlöffeln.

Zucchini-CARROT-CAKE

„Karotten und Zucchini sind der Bringer, wenn es um Saftigkeit geht. Einfach himmlisch, dieser Kuchen!“

Zubereitungszeit 20–25 Minuten
plus 40–45 Minuten Backzeit

Ergibt 12 Stücke

Für den Kuchen
4 Bioeier (Größe M)
1 Prise Salz
1 Zucchini (250 g)
1 große Karotte (100 g)
200 g gemahlene Haselnusskerne
100 g gemahlene Mandeln
125 g Agavendicksaft
40 g Dinkelmehl (Type 630)
1 Pck. Backpulver
½ TL gemahlener Zimt
abgeriebene Schale von ½ Biozitrone
Butter zum Einfetten
Für den Guss
2 EL Rapsöl
40 g Agavendicksaft
25 g Kakaopulver
15 g gehackte Pistazienkerne
Außerdem
runde Springform (Ø 24 cm)

vegetarisch, frei von raffiniertem Zucker

1 Den Backofen auf 180 °C Ober-/Unterhitze vorheizen. Den Boden der Springform mit Backpapier auslegen. 2 Für den Kuchen die **Eier** trennen. Eiweiße mit **Salz** steif schlagen. **Zucchini** und **Karotte** schälen und sehr fein raspeln (insgesamt werden 200–230 g Gemüseraspel benötigt). Zucchini- und Karottenraspel, Eigelbe, **Haselnüsse, Mandeln, Agavendicksaft, Mehl, Backpulver, Zimt** und **Zitronenschale** in einer Schüssel verrühren. Dann nach und nach den Eischnee unterheben. 3 Den Rand der vorbereiteten Springform mit **Butter** einfetten, Teig gleichmäßig einfüllen und im vorgeheizten Ofen 40–45 Minuten backen. Sollte die Oberfläche gegen Ende der Backzeit zu dunkel werden, mit Alufolie abdecken. 4 Kuchen herausnehmen, abkühlen lassen, aus der Form lösen und vorsichtig auf eine Kuchenplatte setzen. 5 Für den Guss **Öl** mit **Agavendicksaft** und **Kakaopulver** verrühren. Den Kuchen damit überziehen und am Rand mit **Pistazienkernen** bestreuen. *

PIMPEN, TOPPEN, VARIIEREN

* Statt Pistazien schmecken auch geröstete gehackte Haselnüsse oder geröstete Mandelblättchen.

GEMÜSEVERSTECK

Tipp Der Teig lässt sich auch in einer 12er-Muffinform backen – so bekommt man kleine Zucchini-Karotten-Küchlein, die sich prima zum Mitnehmen eignen und die auch ohne Guss lecker schmecken. Die Backzeit verkürzt sich dann auf 25–28 Minuten.

„Lennox hat zu Smoothies immer ‚Schmusis' gesagt. So sweet! Ist ja wohl klar, dass die bei uns immer noch so genannt werden."

GRÜNER SMOOTHIE

Zubereitungszeit 12–15 Minuten • Für 2 Gläser (à ca. 250 ml)
vegan, laktosefrei, glutenfrei, frei von raffiniertem Zucker

1–2 Handvoll Blattspinat waschen und trocken schütteln. **1 kleine Stange Staudensellerie** waschen, putzen und grob klein schneiden. **1 Apfel** schälen, entkernen und grob würfeln. **½ Banane** schälen und klein schneiden. **1 große Orange** halbieren und auspressen. Alle vorbereiteten Zutaten mit 150 ml Wasser und **1 TL Agavendicksaft** im Standmixer oder mit dem Stabmixer 1–2 Minuten glatt mixen. Auf zwei Gläser verteilen und servieren.

SUPERKRÄFTESAFT

Zubereitungszeit 10–12 Minuten • Für 2 Gläser (à 250 ml)
vegan, laktosefrei, glutenfrei, frei von raffiniertem Zucker

2 große Karotten und **1 Minisalatgurke** schälen und grob klein schneiden. **½ Stange Staudensellerie** waschen, putzen und grob würfeln. **1 Birne** und **1 Apfel** schälen, entkernen und würfeln. Alle Zutaten nacheinander mit **150 g hellen Weintrauben** und **1 Spritzer Zitronensaft** in den Einfüllschacht des Entsafters geben und zu feinem Saft pressen. Den Superkräftesaft auf zwei Gläser verteilen und genießen. (Wer keinen Entsafter hat, kann auch einen Standmixer oder leistungsstarken Stabmixer verwenden und den Saft durch einen Nussmilchbeutel abseihen.)

ORANGEN-MANDEL-DRINK MIT VANILLE UND ERDBEEREN

Zubereitungszeit 8 Minuten • Für 2 Gläser (à 250 ml)
vegan, laktosefrei, glutenfrei, frei von raffiniertem Zucker

60 g geschälte Mandeln mindestens 60 Minuten in warmem Wasser einweichen. Abgießen und mit 300 ml kaltem Wasser im Standmixer oder mit einem leistungsstarken Stabmixer glatt mixen. * **1 große Orange** auspressen. **½ Vanilleschote** aufschneiden und das Mark herauskratzen. **50 g Erdbeeren** waschen, entstielen (alternativ TK-Beeren nehmen), mit Orangensaft, Vanillemark und **2–3 TL Ahornsirup** zum Mandelwasser geben und mehrere Minuten glatt mixen. Nach Geschmack nachsüßen, durch ein feines Sieb oder einen Nussmilchbeutel in zwei Gläser abseihen und mit einer Orangenscheibe am Glasrand garniert servieren.

PIMPEN, TOPPEN, VARIIEREN

* Alternativ fertigen ungesüßten Mandeldrink verwenden.

TROPICAL SMOOTHIE

Zubereitungszeit 10–12 Minuten • Für 2 Gläser (à 250–300 ml)
vegan, laktosefrei, glutenfrei, frei von raffiniertem Zucker

200 g frische Ananas schälen, vom Strunk befreien und grob würfeln. **1 kleine Mango** schälen, das Fruchtfleisch vom Stein schneiden und grob würfeln. **½ kleine Banane** schälen und klein schneiden. **½ Limette** auspressen. Alle vorbereiteten Zutaten mit **200 ml Kokosmilch** und **100 g Crushed Ice** im Standmixer oder mit dem Stabmixer 1–2 Minuten glatt mixen, eventuell etwas Wasser hinzufügen. Auf zwei Gläser verteilen und genießen.

Tipp Dazu passen frische Beeren oder gehackte Nüsse.

„Noch ein altes Familienrezept – kann man auch nicht besser machen. Apfel und Zimt sind wie Topf und Deckel. Einfach ein Perfect Match so wie wir!“

RATZFATZ GEMÜSEVERSTECK

AVOCADO-SCHOKO-MOUSSE

Zubereitungszeit ca. 15 Minuten

Für 4 Personen

50 g Bitterschokolade (mind. 70 % Kakaoanteil)
2 kleine reife Avocados
1 kleine reife Banane
50 ml Milch (3,5 % Fett)
2 EL Agavendicksaft
1 ½ EL Kakaopulver
1 Prise Salz
¼ TL gemahlene Vanille
Kakaonibs zum Bestreuen (nach Belieben)

vegetarisch, glutenfrei

1 **Schokolade** in eine Schüssel geben und über einem heißen Wasserbad bei niedriger Hitze unter Rühren schmelzen. 2 Inzwischen die **Avocados** halbieren, entkernen und das Fruchtfleisch auslösen. **Banane** schälen und grob klein schneiden. 3 Flüssige Schokolade, Avocados und Banane mit **Milch, Agavendicksaft, Kakao, Salz** und **Vanille** im Standmixer oder mit dem Stabmixer zu einer lockeren Mousse pürieren.* Die Mousse auf vier kleine Schalen verteilen, nach Belieben mit **Kakaonibs** bestreuen und servieren.

*

PIMPEN, TOPPEN, VARIIEREN

* Für eine vegane Variante Hafer-, Cashew-, Soja- oder Mandeldrink verwenden. Als Topping machen sich auch Beeren sehr gut.

FÜR GÄSTE

GEBACKENE APFELRINGE MIT ZIMT-CASHEW-CREME

Zubereitungszeit 30 Minuten plus ca. 60 Minuten Einweichzeit

Für 4 Personen

Für die Zimt-Cashew-Creme
100 g Cashewkerne
2 entsteinte getrocknete Datteln
½ TL gemahlener Zimt
1 Prise Salz
Für die Apfelringe
70 g Dinkelmehl (Type 630)
60 ml Milch (3,5 % Fett)
1 Bioei (Größe L)
1 EL Agavendicksaft
1 Prise Salz
abgeriebene Schale von ½ Biozitrone
2 große Äpfel
1 EL Zitronensaft
Rapsöl zum Ausbacken
½ TL gemahlener Zimt
Außerdem
Hochleistungsmixer

vegetarisch, frei von raffiniertem Zucker

1 Für die Zimt-Cashew-Creme **Cashewkerne** und **Datteln** in eine Schüssel geben, 125 ml Wasser zugießen und etwa 60 Minuten einweichen. Cashews und Datteln samt Flüssigkeit sowie **Zimt** und **Salz** im Hochleistungsmixer cremig mixen.* 2 Für die Apfelringe **Mehl, Milch, Ei, Agavendicksaft, Salz** und **Zitronenschale** in eine Schüssel geben und zu einem glatten Teig verrühren. 3 **Äpfel** schälen, die Kerngehäuse mit einem Apfelausstecher entfernen, in 1 cm dicke Scheiben schneiden und mit **Zitronensaft** beträufeln. 4 **Rapsöl** etwa 1 cm hoch in eine große Pfanne füllen und erhitzen. Sobald an einem hineingetauchten Holzlöffelstiel Blasen aufsteigen, ist das Öl heiß genug. Die Temperatur auf mittlere Hitze regeln. Die Apfelscheiben durch den Teig ziehen und portionsweise von jeder Seite etwa 30 Sekunden goldbraun backen. Auf Küchenpapier abtropfen lassen und mit **Zimt** bestäuben. 5 Die Apfelringe auf vier Teller geben und mit je einem großen Klecks Zimt-Cashew-Creme servieren.

*

PIMPEN, TOPPEN, VARIIEREN

* Statt Cashewkernen kann man genauso gut geschälte Mandelkerne verwenden. Wenn keine Nüsse und Datteln da sind, kann man geschlagene Sahne oder eine Kugel Eis zu den Apfelringen servieren. Oder diese mit etwas Zucker bestreuen.

Rote-Bete-
BROWNIES

„Wetten, dass keiner merkt, dass in dem Brownie Rote Bete versteckt ist!?!"

Zubereitungszeit 30 Minuten plus ca. 60 Minuten Einweichzeit und 25–28 Minuten Backzeit

Ergibt 16 kleine Brownies

150 g entsteinte getrocknete Datteln
100 g Bitterschokolade (mind. 70 % Kakaoanteil)
150 g Butter
200 g gegarte Rote Beten (vakuumverpackt)
3 EL Agavendicksaft
4 Bioeier (Größe M)
125 g Dinkelmehl (Type 630)
50 g gemahlene Haselnusskerne
30 g Kakaopulver plus etwas zum Bestäuben
1 Prise Salz
Außerdem
quadratische Backform (ca. 22 × 22 cm)

vegetarisch

GEMÜSEVERSTECK GEBURTSTAG

1 **Datteln** etwa 60 Minuten in Wasser einweichen. Dann abgießen und abtropfen lassen. 2 **Schokolade** in Stücke brechen, **Butter** klein schneiden, beides in eine Schüssel geben und über einem heißen Wasserbad unter Rühren schmelzen. 3 Inzwischen die **Roten Beten** grob würfeln und mit **Agavendicksaft** und abgetropften Datteln im Standmixer oder mit dem Stabmixer sehr fein pürieren. 4 Den Backofen auf 180 °C Ober-/Unterhitze vorheizen. Die Backform sorgfältig mit Backpapier auslegen. 5 **Eier** mit der Rote-Bete-Dattel-Mischung verrühren. Die Schokoladenbutter unterrühren. **Mehl** mit **Nüssen, Kakao** und **Salz** vermengen und untermischen, bis ein glatter Teig entstanden ist. * Teig in die vorbereitete Form füllen, glatt streichen und im vorgeheizten Ofen auf der mittleren Schiene 25–28 Minuten backen. Der Brownie sollte innen noch leicht feucht sein. Wer den Teig gern fester mag, lässt ihn einfach einige Minuten länger im Ofen. 6 Herausnehmen, kurz abkühlen lassen, dann den Brownie mit dem Backpapier aus der Form heben. Mit etwas **Kakaopulver** bestäuben und in 16 kleine Quadrate schneiden. **

PIMPEN, TOPPEN, VARIIEREN

* Wer mag, kann zusätzlich noch etwa 80 g gehackte Haselnusskerne unterheben.

** Statt mit Kakaopulver kann man die Brownies auch mit Rote-Bete-Pulver bestäuben oder mit dem Guss vom Zucchini-Carrot-Cake (siehe Seite 138) toppen.

Tipp Die Form lässt sich einfacher mit dem Backpapier auslegen, wenn man es vorher zusammenknüllt und kurz unter fließendes Wasser hält. Anschließend das Wasser gut ausdrücken und das Backpapier wieder auseinanderfalten – so ist es viel biegsamer und bleibt leichter in der Form liegen.

Superhelden-Powerkekse

Tipp Die veganen Kekse sind innen recht weich. Sie härten beim Auskühlen noch nach. Wer sie knuspriger mag, kann sie vor dem Backen etwas flacher drücken und die Backzeit um 1–2 Minuten verlängern.

Haferflocken-CRANBERRY-KEKSE

„Gesund und lecker: Das passt nicht zusammen? Diese Kekse beweisen euch spielend das Gegenteil.“

Zubereitungszeit 15 Minuten plus 12–14 Minuten Backzeit

Ergibt 12–14 Stück

2 EL getrocknete Cranberrys
75 g Dinkelmehl (Type 630)
50 g feine Haferflocken
20 g gemahlene Mandeln
20 g Kokosraspel
1 TL gemahlener Zimt
1 Prise Salz
75 g ungesüßtes Apfelmus (siehe Seite 17)
25 g Mandelmus
2 EL flüssiges Kokosöl
1 ½ EL Agavendicksaft

vegan, laktosefrei, frei von raffiniertem Zucker

FÜR UNTERWEGS

KINDERLEICHT

1 Den Backofen auf 175 °C Ober-/Unterhitze vorheizen. Ein Backblech mit Backpapier auslegen. 2 **Cranberrys** sehr fein hacken.* **Mehl** mit **Haferflocken, Mandeln, Kokosraspeln, Zimt** und **Salz** vermengen. **Apfelmus, Mandelmus, Kokosöl** und **Agavendicksaft** dazugeben und alles gut verrühren. Die gehackten Cranberrys hinzufügen und untermischen. 3 Vom Teig walnussgroße Portionen abnehmen, zu Kugeln rollen, mit etwas Abstand auf das vorbereitete Blech setzen und zu Talern flach drücken.** Im vorgeheizten Ofen 12–14 Minuten goldbraun backen. 4 Herausnehmen und die Kekse auf dem Blech abkühlen lassen.

PIMPEN, TOPPEN, VARIIEREN

* Statt Cranberrys schmecken in den Keksen auch getrocknete Aprikosen oder Rosinen.

** Nach Belieben die Oberflächen mit Kokosraspeln bestreuen und diese leicht andrücken.

MINI-CHEESECAKES

Zaubertörtchen

MINI-CHEESECAKES

„Klein, aber fein. Dazu kann garantiert niemand Nein sagen."

Zubereitungszeit 30–35 Minuten plus mind. 20 Minuten Kühlzeit, 25–27 Minuten Backzeit und 15 Minuten Ruhezeit (ohne Toppings)

Ergibt 12 Stück

Für den Teig
180 g Dinkelmehl (Type 630) plus etwas zum Bestäuben
50 g gemahlene blanchierte Mandeln
2 EL Zucker
1 Prise Salz
110 g kalte Butter plus etwas zum Einfetten

Für die Käsemasse
200 g Frischkäse
200 g Magerquark
2 EL Speisestärke
abgeriebene Schale von ½ Biozitrone
½ TL gemahlene Vanille
90 g Agavendicksaft
1 Bioei (Größe M)
1 Bioeigelb (Größe M)

Für das Topping
nach Wahl 1 Rezeptmenge Erdbeersauce oder Blaubeer-Topping oder Spekulatius-Crumble (siehe rechts)

Außerdem
12er-Muffinblech

vegetarisch

GEBURTSTAG FÜR GÄSTE

1 Für den Teig **Mehl, Mandeln, Zucker** und **Salz** mischen. **Butter** klein würfeln, zugeben und alles zu einem krümeligen Teig verarbeiten. 2–3 EL kaltes Wasser zugießen und zügig glatt kneten. Den Teig in Frischhaltefolie wickeln und mindestens 20 Minuten kalt stellen. 2 In der Zwischenzeit den Backofen auf 180 °C Ober-/Unterhitze vorheizen. Das Muffinblech gut **einfetten** und mit **Mehl** ausstäuben. Überschüssiges Mehl herausklopfen. 3 Den Teig in zwölf gleich große Portionen (à 30–35 g) teilen und diese auf der **bemehlten** Arbeitsfläche zu Kreisen ausrollen. Die Mulden des Muffinblechs damit auskleiden und die Teigböden im vorgeheizten Ofen 5–7 Minuten backen. Das Blech herausnehmen und die Ofentemperatur auf 165 °C reduzieren. 4 Inzwischen für die Käsemasse **Frischkäse** und **Quark** in eine Schüssel geben, die **Stärke** darübersieben und verrühren. **Zitronenschale, Vanille** und **Agavendicksaft** unterrühren. **Ei** und **Eigelb** verquirlen und mit dem Schneebesen nur kurz unter die Käsemasse rühren. Die Füllung in die Böden geben und etwa 20 Minuten backen. Sollten die Cheesecakes gegen Ende der Backzeit zu dunkel werden, locker mit Alufolie abdecken. 5 Den Ofen ausschalten und die Cheesecakes noch 15 Minuten im Ofen ruhen lassen. Herausnehmen, auskühlen lassen und vorsichtig aus den Mulden lösen. 6 Die Mini-Cheesecakes nach Wahl toppen und servieren.

ERDBEERSAUCE

Zubereitungszeit 10 Minuten

Ergibt 12 Portionen

200 g TK-Erdbeeren
1 EL Agavendicksaft
¼ TL gemahlene Vanille

vegan, laktosefrei, glutenfrei,
frei von raffiniertem Zucker

Beeren mit **Agavendicksaft** und **Vanille** in einem Topf erhitzen und etwa 5 Minuten bei niedriger Hitze köcheln lassen. Mit dem Stabmixer fein pürieren und abkühlen lassen. *

PIMPEN, TOPPEN, VARIIEREN

* Statt Erdbeeren schmecken auch Himbeeren. Diese vertragen allerdings etwas mehr Süße und sollten noch durch ein feines Sieb passiert werden.

BLAUBEER-TOPPING

Zubereitungszeit 8 Minuten

Ergibt 12 Portionen

200 g Blaubeeren
1 EL Agavendicksaft

vegan, laktosefrei, glutenfrei,
frei von raffiniertem Zucker

Beeren waschen, mit **Agavendicksaft** in einen Topf geben und etwa 5 Minuten bei niedriger Hitze köcheln lassen.

SPEKULATIUS-CRUMBLE

Zubereitungszeit 5 Minuten plus
ca. 8 Minuten Backzeit

Ergibt 12 Portionen

75 g Butter
150 g Butterspekulatius
1 EL Zucker

vegetarisch

Den Backofen auf 175 °C Ober-/Unterhitze vorheizen, ein Backblech mit Backpapier auslegen. **Butter** in einem kleinen Topf zerlassen. **Kekse** in einen Gefrierbeutel geben und mit dem Nudelholz zerstoßen. Kekse und **Zucker** zur Butter geben und zu einer krümeligen Masse vermengen. Auf dem Blech verteilen und etwa 8 Minuten im vorgeheizten Ofen backen.

Tipp Bei der Auswahl der Toppings gibt es quasi keine Grenzen. Ebenfalls sehr lecker: salzige Karamellsauce, süßes Feigen-Chutney, frische Beeren oder Früchtekompott, geraspelte Schokolade, geröstete Nüsse oder Mandeln.

MANGO-NICECREAM
mit Blaubeeren

„Ice, Ice, Baby. Für ganz Kleine einfach etwas Eis ohne Honig und mit Muttermilch statt Joghurt anrühren. Ich hab das zwar nie gekostet, aber meine Kinder waren hin und weg."

Zubereitungszeit 15 Minuten plus 5–6 Stunden Gefrierzeit

Für 4 Personen

Für die Nicecream
1 reife Banane
300 g TK-Mangowürfel
1 EL Cashewmus (alternativ Mandelmus)
1 EL Honig
50 ml Milch (3,5 % Fett)
Für das Topping
100 g Blaubeeren
2 EL Kakaonibs (nach Belieben)
1 EL flüssiger Honig (nach Belieben)
Außerdem
Hochleistungsmixer
Eisportionierer (nach Belieben)

vegetarisch, glutenfrei, frei von raffiniertem Zucker

1 Für die Nicecream die **Banane** schälen und in Scheiben schneiden. In einen gefrierfesten Behälter geben und etwa 5 Stunden gefrieren lassen. 2 Gefrorene Bananenscheiben mit **TK-Mangowürfeln, Cashewmus** und **Honig** in den Hochleistungsmixer geben und alles mehrere Minuten cremig pürieren. Dabei esslöffelweise die **Milch** zugeben.* Den Mixvorgang zwischendurch öfter stoppen und die Masse immer wieder von den Wänden nach unten in Richtung Klingen schieben. 3 Die Nicecream entweder sofort servieren oder in einen gefrierfesten Behälter füllen und nochmals mindestens 60 Minuten ins Gefrierfach stellen. So bekommt sie eine festere Konsistenz. 4 Für das Topping die **Blaubeeren** waschen und zum Abtropfen auf Küchenpapier geben. 5 Die Nicecream mit einem Eisportionierer oder einem großen Löffel auf vier Schalen verteilen, mit Blaubeeren und **Kakaonibs,** falls verwendet, dekorieren. Nach Belieben mit etwas **Honig** beträufeln und sofort servieren.

PIMPEN, TOPPEN, VARIIEREN

* Für eine vegane Variante statt Kuhmilch Kokosmilch, Cashew-, Hafer- oder Mandeldrink verwenden und statt Honig Ahornsirup oder Agavendicksaft nehmen.

FÜR GÄSTE

Lecki-
Schlecki

„Während der Pandemie haben wir im Sommer alle ausgefallenen Geburtstagspartys im Garten nachgefeiert. Da habe ich meine Eisrezepte perfektioniert. Müsst ihr testen!“

HIMBEER-VANILLE-EIS AM STIEL

vegetarisch, glutenfrei, frei von raffiniertem Zucker

Zubereitungszeit 15 Minuten plus mind. 6 Stunden Gefrierzeit

Ergibt 4 Stück

200 g TK-Himbeeren
3 EL Agavendicksaft
½ Vanilleschote
200 g griechischer Joghurt Natur (10 % Fett)
Außerdem
4 Eis-am-Stiel-Förmchen (à ca. 80 ml)

1 **TK-Himbeeren** in einem kleinen Topf kurz aufkochen und etwa 5 Minuten bei niedriger Hitze köcheln lassen, bis sie zerfallen. Dann durch ein feines Sieb passieren, dabei die Siebrückstände gut ausdrücken. Das Himbeermark mit 1 ½ EL **Agavendicksaft** verrühren und abkühlen lassen. 2 Die **Vanilleschote** aufschneiden und das Mark herauskratzen. **Joghurt** mit Vanille und restlichem **Agavendicksaft** verrühren.* Den Vanillejoghurt in die Eisförmchen füllen und das Himbeerpüree daraufgeben.** Stiele hineinstecken und die Förmchen mindestens 6 Stunden ins Gefrierfach stellen. Vor dem Servieren kurz antauen lassen.

PIMPEN, TOPPEN, VARIIEREN

* Wem das nicht süß genug ist, der kann einfach etwas mehr Agavendicksaft hinzufügen.
** Wer mag, kann für einen Marmoreffekt ein Stäbchen durch die Joghurt- und Himbeerschicht ziehen.

SCHOKO-EIS AM STIEL

vegan, laktosefrei, glutenfrei, frei von raffiniertem Zucker

Zubereitungszeit 15 Minuten plus ca. 30 Minuten Einweichzeit und mind. 6 Stunden Gefrierzeit

Ergibt 4 Stück

65 g ungesalzene Cashewkerne
65 g entsteinte getrocknete Datteln
½ Vanilleschote
3 TL Kakaopulver
Außerdem
4 Eis-am-Stiel-Förmchen (à ca. 80 ml)

1 **Cashewkerne** und **Datteln** in eine Schüssel geben, mit 250 ml warmem Wasser bedecken und etwa 30 Minuten einweichen. 2 Die **Vanilleschote** aufschneiden und das Mark herauskratzen. Cashewkerne und Datteln samt Einweichwasser, Vanillemark und **Kakaopulver** im Standmixer oder mit dem Stabmixer cremig pürieren. Nach Belieben durch ein feines Sieb streichen, dann in die Eisförmchen füllen. Stiele hineinstecken und die Förmchen mindestens 6 Stunden ins Gefrierfach stellen. 3 Vor dem Servieren kurz antauen lassen.

DIY-CAPRI-EIS

vegan, laktosefrei, glutenfrei, frei von raffiniertem Zucker

Zubereitungszeit ca. 5 Minuten plus mind. 6 Stunden Gefrierzeit

Ergibt 4 Stück

300 ml Orangensaft (am besten frisch gepresst und nach Belieben durch ein feines Sieb passiert)
1 EL Agavendicksaft (nach Belieben)
Außerdem
4 Eis-am-Stiel-Förmchen (à ca. 80 ml)

Orangensaft mit **Agavendicksaft,** falls verwendet, gründlich verrühren und in die Förmchen füllen. Stiele hineinstecken und die Förmchen mindestens 6 Stunden ins Gefrierfach stellen. Vor dem Servieren kurz antauen lassen.

REZEPT- UND ZUTATENREGISTER

Ihr sucht ein ganz bestimmtes Gericht oder nach einer Zubereitungsidee für vorrätige Zutaten? Das Register hilft euch schnell weiter: Alle Rezepte aus diesem Buch und die wichtigsten Komponenten sind hier alphabetisch gelistet.

DER EINKAUFS- UND ERNÄHRUNGSASSISTENT FÜR UNSERE KOCHBÜCHER

Abschreiben oder Abfotografieren war gestern Rezepte aus unseren Kochbüchern lassen sich kostenlos auf www.mengenrechner.de an die Personenzahl und individuelle Portionsgrößen anpassen und als E-Mail auf euer Smartphone schicken oder gleich dort aufrufen. Zutaten lassen sich streichen, neue Zutaten ergänzen.
Rezept- und Zutatenfilter Sucht zum Beispiel nach veganen, vegetarischen, glutenfreien, laktosefreien Rezepten oder nach Gerichten mit Zutaten, die ihr noch vorrätig habt. Speichert eure Lieblingsrezepte und Einkaufslisten.
Persönlicher Ernährungsassistent Sortiert Rezepte nach Kalorien, Kohlenhydraten, Fett- oder Eiweißgehalt. Berechnet wissenschaftlich euren täglichen Kalorienbedarf und -verbrauch. Legt Maximalwerte für Kalorien- oder Kohlenhydrataufnahme fest. Führt Tagesprotokolle mit Nährwertbilanz.

IMPRESSUM

Originalausgabe
Becker Joest Volk Verlag GmbH & Co. KG
Bahnhofsallee 5, 40721 Hilden, Deutschland

1. Auflage April 2023

ISBN 978-3-95453-288-9

Autorin: Nina Bott
Co-Autorin Rezepte: Christin Geweke
Porträts: Mareike Klindworth
Food-Fotografie: Hubertus Schüler
Foodstyling Food-Fotografie: Stefan Mungenast
Assistenz Food-Fotografie: Benedikt Obermeier
Projektleitung: Valerie Mayer
Leitung Grafik, Covergestaltung: Dipl.-Des. Justyna Schwertner
Layout, Buchgestaltung, Buchsatz: Dipl.-Des. Anne Krause
Textredaktion: Valerie Mayer, Katerina Stegemann
Bildbearbeitung: Dipl.-Des. Markus Neis, Benedikt Obermeier
Fachlektorat Rezepte: Şebnem Yavuz
Lektorat: Doreen Köstler
Druck: Mohn Media Mohndruck GmbH

Illustrationen „Kinderleicht", „Für unterwegs", „Für Gäste", „Gemüseversteck": istock

Ein Teil des Geschirrs wurde uns von onomao zur Verfügung gestellt.

Bereits erschienene Bücher im Becker Joest Volk Verlag:

Babybeikost – Vorkochen. Einfrieren. Entspannen. Gesunden Babybrei selbst machen.
ISBN 978-3-95453-141-7
22,00 EUR (D), 22,70 EUR (A)

BECKER JOEST VOLK VERLAG www.bjvv.de

Food-Fotograf Hubertus Schüler Der passionierte Still-Life-Fotograf Hubertus Schüler hat sein Handwerk in den perfektionistischen wie wilden Gefilden der Werbung gelernt. Nach einer Assistenzzeit in Düsseldorf arbeitet er seit 1990 als selbstständiger Fotograf in Bochum. Und das macht er mit Leib, Seele und all seinen Talenten. Sein Fotostudio ist Atelier, Requisite, Partyloft, Profiküche und Experimentieranstalt. Er sagt, er sei Fotograf geworden, weil er nicht malen könne. Welch ein Glück für die Fotografie! Nun malt er statt mit Pinseln mit Präzision und Licht. Außerdem hat er ein großes Faible für Styling und wenn er ausnahmsweise nichts vor der Linse hat, scannt er Flohmärkte nach alten Schätzen, die ein interessantes Leben geführt und was zu erzählen haben, oder malt und schrubbt und tuscht Untergründe. Seine Fotografien wurden vielfach ausgezeichnet.

Porträt-Fotografin Mareike Klindworth Mareike Klindworth, Jahrgang 1982, geboren in Hamburg, ist studierte Kommunikationswirtin. Mit ihrer Familie lebt sie in Hamburg und arbeitet seit 2015 erfolgreich als freie Fotografin. Neben der Familienfotografie hat sie sich auf die emotionale Fotografie für Selbstständige, Brands und Unternehmen spezialisiert.

Nina und Mareike sind seit einigen Jahren befreundet, sie haben nicht nur eine vertrauensvolle private Ebene, sondern arbeiten auch seit mehreren Jahren für verschiedene Projekte erfolgreich zusammen. Mareike möchte Menschen berühren – mit ihren Bildern, ihren Worten und ihrem Sein. Über ihre eigene Arbeit sagt sie: „Ich fotografiere weniger mit dem Auge, mehr aus dem Impuls meiner Seele." Ihr Blick für die kleinen Momente, die Zwischenmomente des großen Ganzen, machen ihre Bilder so spürbar. Sie glaubt daran, dass Menschen durch nichts mehr berührt werden als durch das echte Leben mit all seinen Facetten. Deswegen liebt sie es, in genau dieses Leben einzutauchen, in die individuellen Familiengeschichten, in den Familienkosmos, um dort ihre Bilder entstehen zu lassen.

Verlagsdank Liebe Nina, wir haben uns von Anfang an über dieses schöne Projekt mit dir gefreut! Danke für deine eigenen Familienrezepte und die vielen weiteren Ideen, für deinen Enthusiasmus und dein riesengroßes Engagement rund ums Buch und beim Shooting. Auch bei deiner ganzen Family bedanken wir uns von Herzen: Lobo, Lio, Luna, Lennox und Benni, danke, dass ihr bei allem so grandios mitgemacht habt und mit Freude dabei wart. Ohne euch wäre es nicht möglich gewesen.

Christin Geweke, vielen lieben Dank für deine großartige Unterstützung in der Rezeptentwicklung. Hubertus Schüler, Stefan Mungenast und Benedikt Obermeier, danke für die tollen Food-Fotos und eure Spontaneität, diesmal mit so vielen kleinen Besuchern zu shooten. Für den trubelig-schönen Shooting-Tag mit Nina und ihrer Familie danken wir ganz herzlich: Mareike Klindworth für die stimmungsvollen, lebendigen und wunderschönen Bilder, „Pio" Jens Piotraschke für das großartige Foodstyling unter herausfordernden Bedingungen und Kristina van der Viven für ein ganz zauberhaftes Hairstyling und Make up. Danke an das Team von www.onomao.com für die großzügige Ausstattung mit eurem wunderschönen fair produzierten Geschirr. Ein sehr herzliches Dankeschön auch an alle, die das Vorschaushooting im Zillertal ermöglicht haben: Danke an Susanne Wagner für die Spontaneität und die schönen Fotos, vielen Dank an Martin Wetscher und das Einrichtungshaus Wetscher, in dessen exklusiven Designküchen wir fotografieren durften, und an Carolin Kobliha vom traumhaften „Mia Alpina Family Retreat" für die großzügige Unterstützung. Ganz lieben Dank an Şebnem Yavuz für das Rezeptlektorat und an Doreen Köstler für das Schlusslektorat.

Der Verlag dankt allen Beteiligten, die durch ihre Mithilfe und Unterstützung zum Gelingen dieses Buches beigetragen haben. Für ihre unermüdlichen Bemühungen um die außerordentliche Qualität danken wir unseren Mitarbeiterinnen und Mitarbeitern, ganz besonders Anne Krause sowie Valerie Mayer, Katerina Stegemann, Annika Koch, Markus Neis und Annika Steinacker.

WWW.MENGENRECHNER.DE

UNSER KOSTENLOSER VERLAGSSERVICE

kcal

Spannender Mehrwert:
der Mengenrechner für unsere Kochbücher

+ Mengenangaben an Personenzahl anpassen
+ Einkaufszettel fürs Smartphone erstellen
+ Rezeptsuche nach Zutaten
+ Nährwertangaben zu allen Rezepten
+ präziser Kalorienverbrauchsrechner und persönlicher Diätplaner mit Tagesplänen
+ Favoritenliste und weitere Rezeptfilter